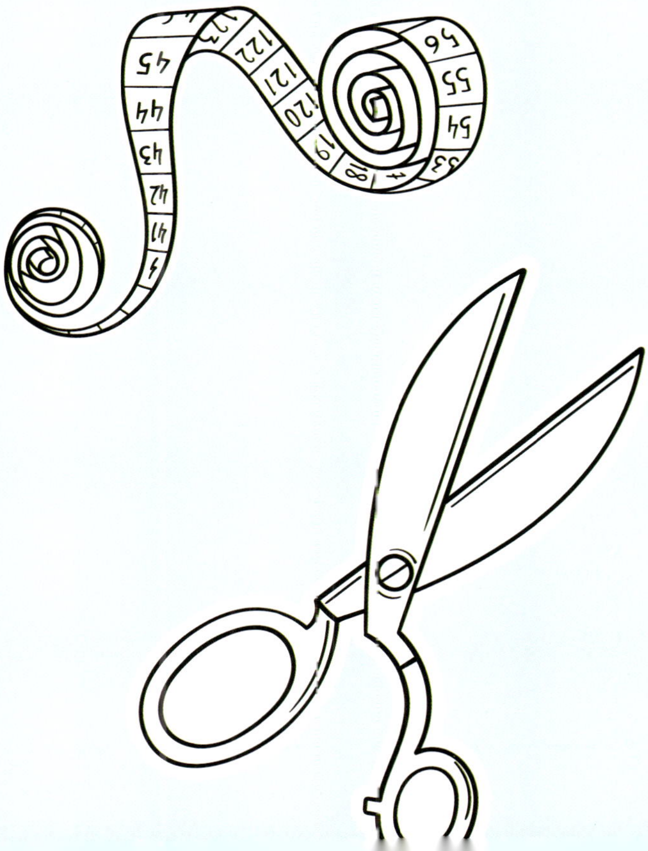

NÄHEN MIT FILZ

KINDERLEICHTE MODELLE FÜR DIE NÄHMASCHINE

INA ANDRESEN

INHALT

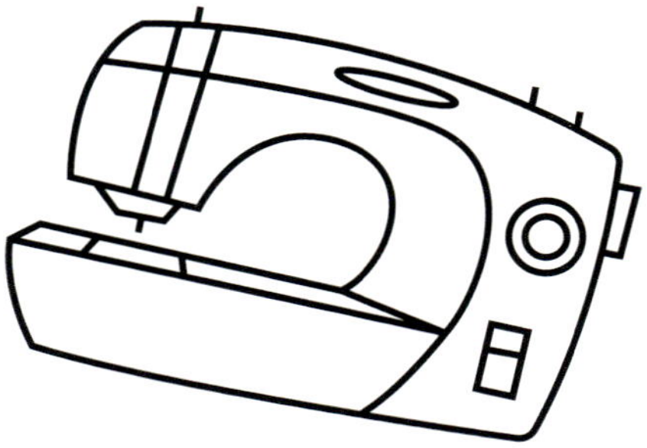

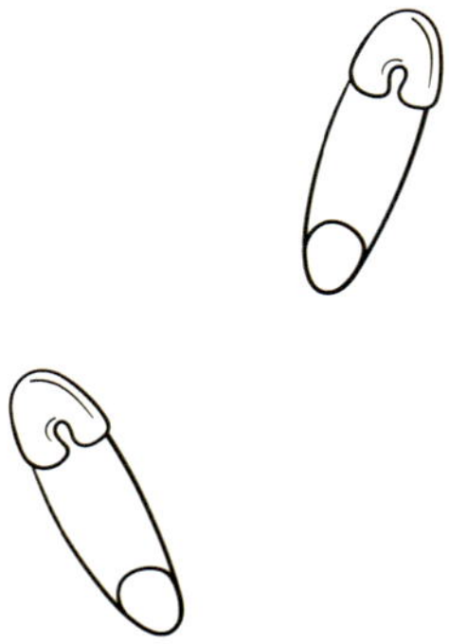

Dein Download

Den Schnittmusterbogen kannst du dir auch online herunterladen und ausdrucken. Wie das geht, erfährst du im **Impressum auf Seite 76.**

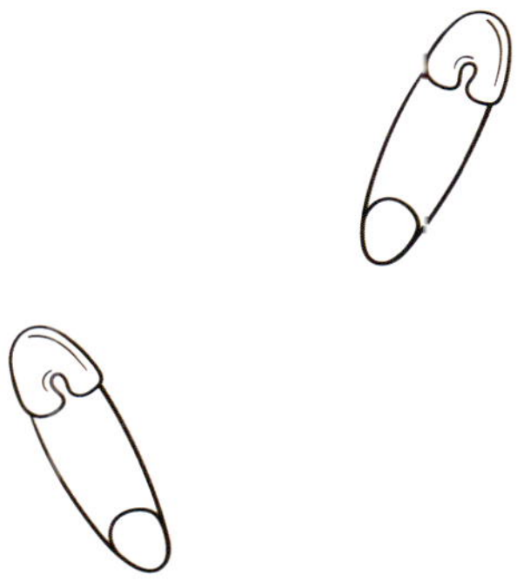

VORWORT

Du möchtest nähen lernen und gleich damit loslegen? Dann bist du hier genau richtig. Auch wenn du noch nie an der Nähmaschine gesessen hast, kannst du die Modelle in diesem Buch nähen. Coole Melonenuntersetzer, praktische Schalen, süße Eierwärmer oder ein Kuschelbär zum Liebhaben: Alle Modelle sind aus Filz genäht, der sich besonders leicht verarbeiten lässt.

Die Anleitungen zeigen dir Schritt für Schritt, wie es geht. Anhand von Zeichnungen kannst du sehen, was du bei jedem Schritt tun musst. Die Grundtechniken des Nähens findest du am Anfang des Buchs. Manchmal brauchst du spezielle Nähtechniken. Die erkläre ich dir direkt bei der jeweiligen Anleitung.

Beginne mit den einfacheren Modellen. Wenn du etwas mehr Erfahrung hast, kannst du dich an die schwierigeren Teile heranwagen. Alle Modelle kannst du natürlich auch in anderen Farben nähen. Nutze deine Fantasie und sei kreativ, dann kannst du ganz eigene und besondere Sachen herstellen.

Viel Spaß beim Nähen wünscht dir

Ina Andresen

MATERIAL

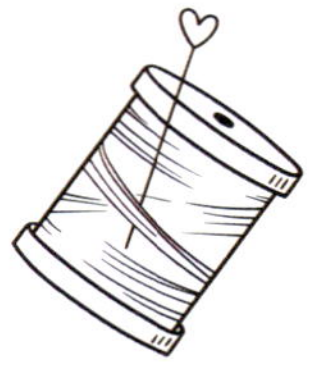

FILZ

Filz lässt sich besonders leicht verarbeiten, mit ihm kannst du sehr schnell schöne Ideen umsetzen. Filz gibt es in verschiedenen Stärken, für die Modelle im Buch haben wir die Stärken 1 mm und 2 mm verwendet.

GARN

Für die Modelle im Buch kannst du einfaches Allzweckgarn aus Polyester verwenden. Das gibt es in einer großen Farbauswahl.

STICKTWIST

Einige Handstiche wirken besonders schön, wenn du sie mit dickem Sticktwist nähst.

FÜLLWATTE

Füll- oder Deko-Watte benutzt du, um einige Modelle auszufüllen. Es gibt auch waschbare Watte.

2 LÖCHER

4 LÖCHER

ÖSENKNÖPFE

KNÖPFE

Knöpfe benutzt man als Verschluss, zum Beispiel für Taschen, oder einfach, um ein Teil zu dekorieren. Es gibt Knöpfe mit zwei oder vier Löchern, sowie Ösenknöpfe in verschiedenen Formen und Farben.

PERLEN

Perlen eignen sich zum Verzieren. Du kannst sie aber auch als Verschluss annähen. Es gibt sie in verschiedenen Formen und Farben.

BÄNDER UND KORDELN

Kordeln eignen sich als Tragebänder für Taschen, mit farbenfrohen Bändern kannst du deine Modelle verzieren.

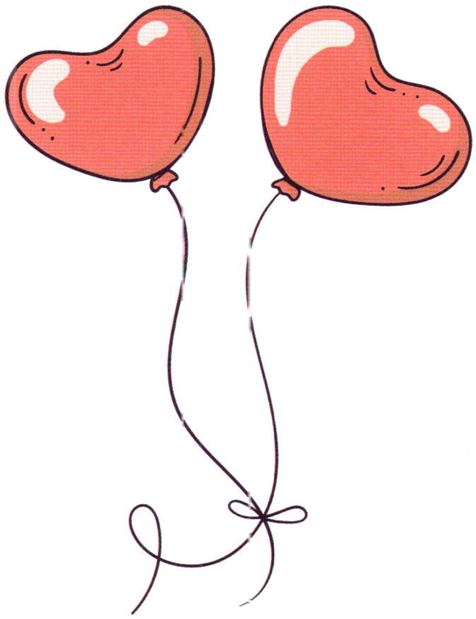

NÄHWERKZEUG

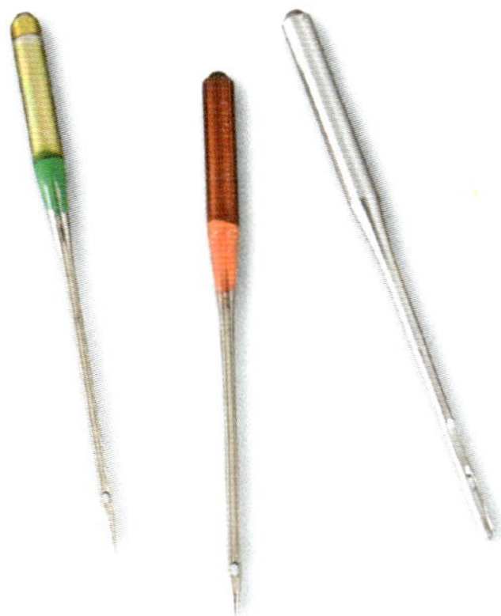

NÄHMASCHINENNADELN

Nähmschinennadeln gibt es in verschiedenen Stärken. Für Filz verwendest du am besten Nadeln der Stärke 80.

SCHEREN

Um Filz zu schneiden, benutzt du am besten eine spezielle Stoffschere oder eine scharfe Bastelschere. Eine kleinere spitze Schere eignet sich gut für die Modelle im Buch.

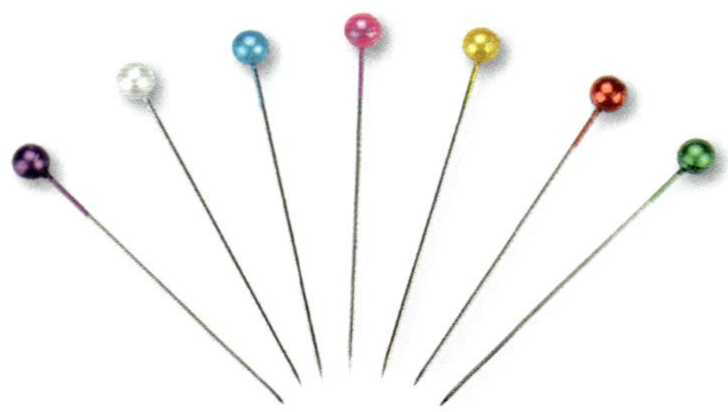

HANDNÄHNADELN

Handnähnadeln gibt es in verschiedenen Stärken. Für die Modelle im Buch eignen sich Nadeln mit der Stärke 9.

STECKNADELN

Mit Stecknadeln steckst du vor dem Nähen die verschiedenen Filzteile aufeinander. Stecknadeln mit etwas größeren Köpfen lassen sich gut greifen.

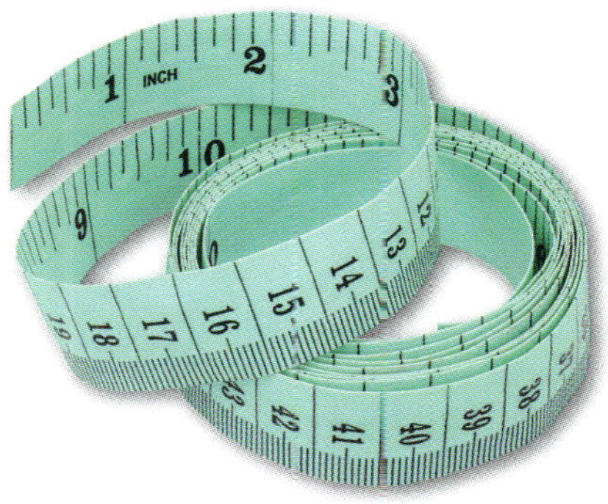

NAHTTRENNER

Mit ihm kannst du eine Naht auftrennen, wenn du dich einmal vernäht hast. Schiebe das Messer dafür unter die Stiche, um sie durchzuschneiden.

MASSBAND UND HANDMASS

Das Maßband oder ein Handmaß brauchst du, um Filzstücke auszumessen oder Markierungen anzubringen.

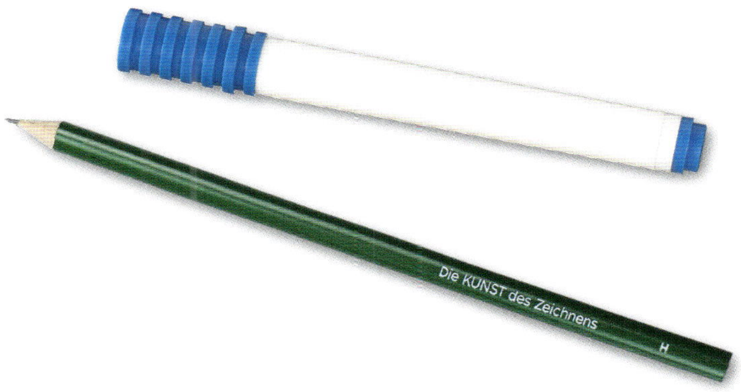

SCHNEIDERKREIDE ODER TRICKMARKER

Mit Schneiderkreide oder Trickmarker kannst du Markierungen auf dem Filz anbringen, die man später nicht mehr sehen soll. Die Kreide lässt sich wegpusten, der Trickmarker löst sich nach einiger Zeit auf.

BLEISTIFT UND STOFFMALSTIFT

Ein weicher Bleistift der Stärke 5 oder 6 eignet sich für Markierungen auf der Filzseite, die man nach dem Nähen nicht mehr sieht. Mit einem Stoffmalstift kannst du auch gut auf Filz malen.

DIE NÄHMASCHINE

OBER- UND UNTERFADEN

An jeder Nähmaschine gibt es zwei Fäden, die sich beim Nähen miteinander verschlingen. So entsteht eine feste Naht. Sie heißen Ober- und Unterfaden.

NÄHMASCHINENNADEL

Die Nähmaschinennadel hält den Oberfaden und sticht ihn durch den Stoff nach unten, wo er sich mit dem Unterfaden verschlingt.

EINFÄDELN UND BEDIENUNGSANLEITUNG

Fädle die beiden Fäden mithilfe eines Erwachsenen entsprechend der Bedienungsanleitung ein. Das ist bei jeder Nähmaschine etwas anders.

STICHPROGRAMM EINSTELLEN

An diesem Rad stellst du das passende Stichprogramm ein. Für die Modelle in diesem Buch werden gerade Stiche und Zickzackstiche verwendet. An einigen Nähmaschinen wählt man das Programm über Tasten oder einen Bildschirm aus.

STICHLÄNGE EINSTELLEN

Hier stellst du die Stichlänge für die Nähte ein. Wenn nicht anders beschrieben, benutzt du für die Modelle in diesem Buch eine Stichlänge von 2,5 mm.

PEDAL

Das Pedal treibt die Nähmaschine an. Tritt nur vorsichtig mit der Fußspitze darauf, um die Geschwindigkeit besser kontrollieren zu können. Je langsamer du nähst, desto besser kannst du den Stoff lenken.

HANDRAD

Mit dem Handrad kannst du die Nähnadel absenken oder heben. Zu Beginn einer Naht senkst du die Nadel zuerst herunter, bis sie im Stoff steckt.

NÄHFÜSSCHEN

Unter der Nadel ist das Füßchen, das den Stoff leicht auf die Fläche darunter drückt. Vor dem Nähen senkst du das Füßchen mit dem Füßchenhebel herunter. Danach hebst du das Füßchen an, um den Stoff wieder herauszuholen.

STICHLÄNGE
EINSTELLEN
RÜCKWÄRTS-
SCHALTER
HANDRAD
NÄHFUSSHEBEL
NÄHFUSS
NÄHNADEL
STICHPROGRAMM
EINSTELLEN

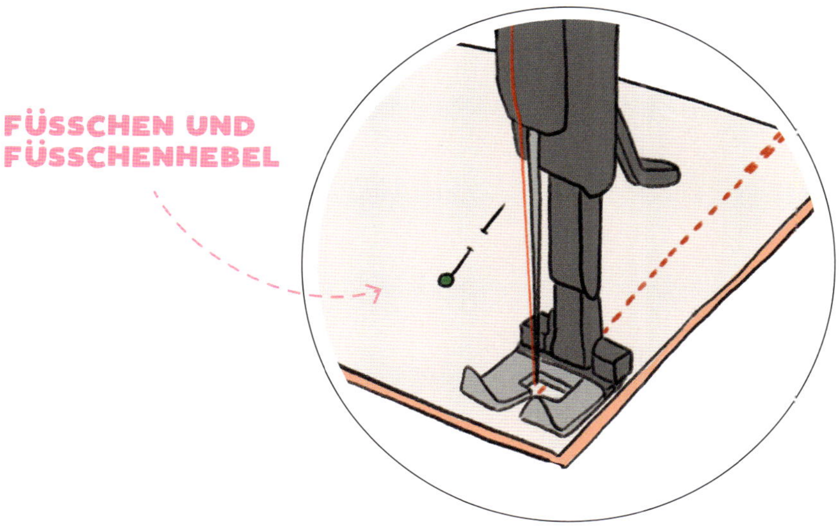
FÜSSCHEN UND
FÜSSCHENHEBEL

DER SCHNITTMUSTER-BOGEN

Für jedes Modell im Buch findest du eine Vorlage in Originalgröße auf dem Schnittmusterbogen. Was die Zeichen bedeuten, verrät dir die Legende. Den Schnittmusterbogen kannst du dir zusätzlich auch downloaden und ausdrucken (siehe Seite 76).

SCHNITTKANTE

Hier schneidest du das Schnittmuster mit einer Papierschere aus.

EINSCHNEIDEN

Hier schneidest du den Stoff entsprechend der Markierung ein.

NAHTLINIE MIT PFEIL

Auf dieser Linie nähst du später auf dem Stoffteil entlang, folge dabei der Pfeilrichtung.

RÜCKWÄRTS NÄHEN

In diesem Bereich liegen Anfang oder Ende einer Naht, nähe etwas vor und zurück, um die Naht zu sichern.

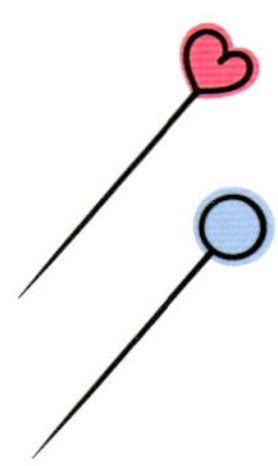

MARKIERUNGSLINIE

Diese Linie zeigt zum Beispiel an, dass der Filz gefaltet wird oder hier ein Band oder zweites Filzteil aufgelegt wird.

KNOPF

Hier nähst du einen Knopf auf den Filz.

KNOPFLOCH

Entlang dieser kleinen Lirie schneidest du ein Knopfloch in ein Filzteil.

VORBEREITEN

Hier findest du das wichtigste Grundwissen, das du zum Nähen brauchst. Einige Techniken, die nur bei wenigen Modellen verwendet werden, findest du in den entsprechenden Anleitungen.

MODELL AUSSUCHEN

Beginne am besten mit einem Modell, das den Schwierigkeitsgrad 1 hat. Wenn du schon etwas mehr Übung hast, kannst du nach und nach auch die anderen Schwierigkeitsgrade für dich entdecken.

Schwierigkeitsgrad 1 ♥♡♡

Schwierigkeitsgrad 2 ♥♥♡

Schwierigkeitsgrad 3 ♥♥♥

STICHLÄNGE EINSTELLEN

Wähle gerade Stiche mit einer Stichlänge von 2,5 mm. Zickzackstiche stellst du 3 mm lang und 3 mm breit ein. Welchen Stich du bei deinen Modellen brauchst, findest du in jeder Anleitung.

NAHTZUGABEN

Nahtzugaben nennt man die Filzbereiche zwischen Schnittkante und Naht. Sie sind wichtig, damit die Naht nicht so leicht wieder aufgehen kann. Alle Schnittmuster enthalten bereits die Nahtzugaben.

SCHNITTMUSTER AUSSCHNEIDEN

Pause das passende Schnittmuster für dein Modell mit Bleistift ab. Verwende hierfür durchsichtiges Pauspapier. Schneide dann das Schnittmuster aus dem Pauspapier aus. Übertrage auch die verschiedenen Markierungen. Sie helfen dir, dein Modell einfach zusammenzunähen. Du kannst das Schnittmuster auch downloaden (siehe Seite 76), dann sparst du dir das Abpausen.

SCHNITTMUSTER AUF DEN FILZ ÜBERTRAGEN

Lege dein Schnittmuster auf den Filz und stecke es mit Stecknadeln fest. Umfahre das Schnittmuster mit Schneiderkreide oder einem weichen Bleistift. Übertrage auch alle Markierungen im Schnittmuster auf den Filz. Dann nimmst du das Schnittmuster wieder ab.

MARKIERUNGEN AUS DEM SCHNITTMUSTER ÜBERTRAGEN

Lege das Schnittmusterpapier auf den Filz. Für einen geraden Strich durchbohrst du das Schnittmuster am Anfang und Ende des Strichs mit einem Bleistift oder Schneiderkreidestift. So erhältst du zwei Punkte auf dem Filz. Bei einer Rundung oder einem Kreis durchbohrst du die Linie an mehreren Stellen und erhältst mehrere Punkte.

Nimm das Schnittmusterpapier ab und verbinde die durchgestochenen Punkte mit Bleistift oder Schneiderkreide.

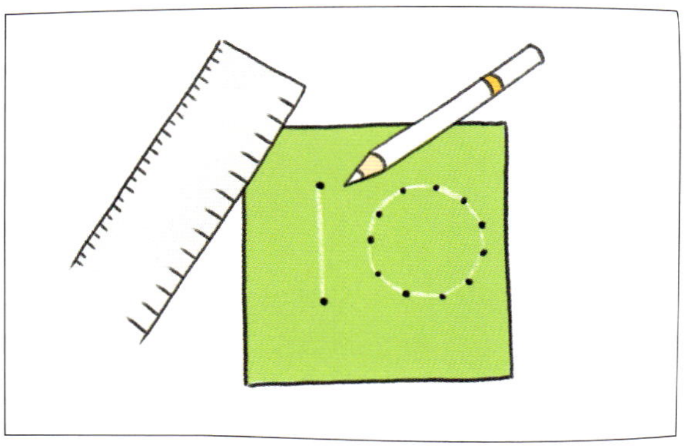

FILZ AUSSCHNEIDEN

Wenn du das Schnittmuster übertragen hast, schneidest du den Filz entlang der Bleistiftlinie mit einer Stoffschere aus. Am besten möglichst genau, der Filzrand dient dir gleich als Orientierung für deine Naht.

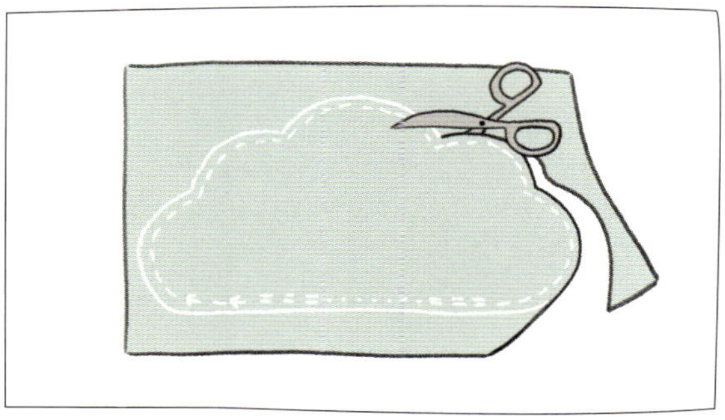

STECKNADELN BEFESTIGEN

Um zwei Filzteile aufeinander zu stecken, stichst du Stecknadeln von oben nach unten durch beide Filzlagen und schiebst die Spitze wieder durch beide Filzlagen zurück nach oben. Das geht leichter, wenn du den Filz etwas anhebst. Befestige die Nadeln so auf dem Filz, dass sie beim Nähen nicht im Weg sind.

GRUNDANLEITUNG

NÄHEN

Zum Nähen legst du den Filz unter das Füßchen, der Beginn deiner Naht liegt unter der Nadel. Senke das Füßchen auf den Filz, indem du den Füßchenhebel nach unten drückst. Drehe an dem Handrad, bis die Nadel im Filz steckt.

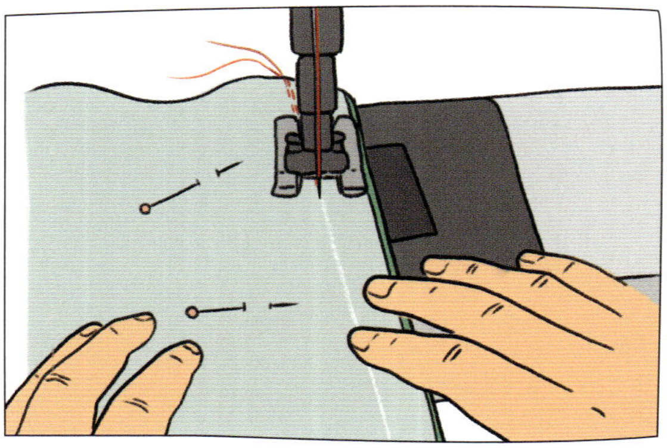

Jetzt kannst du beginnen: Halte mit beiden Händen den Filz fest, um zu steuern. Halte dabei Abstand zu dem Nähfüßchen ein. Tritt vorsichtig auf das Pedal, schon näht die Maschine los. Wenn du den Fuß wieder wegnimmst, hört sie auf zu nähen.

GERADE NÄHTE

Gerade Nähte sind besonders leicht zu nähen. Halte den Filz trotzdem zum Lenken mit den Händen fest, damit du genau auf der Linie bleiben kannst.

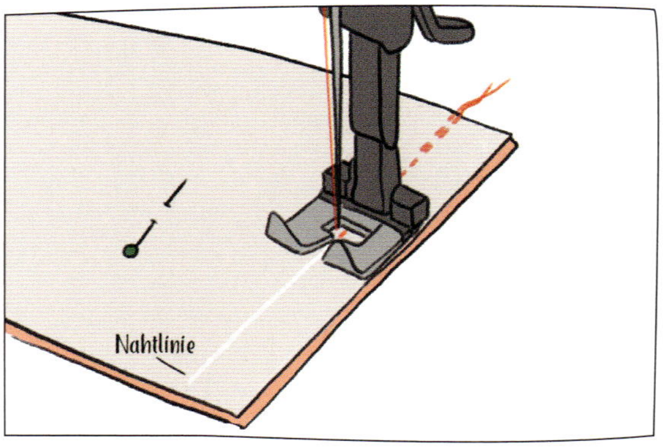

NÄHTE MIT RÜCKWÄRTS-STICHEN SICHERN

Am Anfang und Ende jeder Naht nähst du einige Stiche rückwärts. Damit sicherst du die Naht und sie kann nicht mehr aufgehen. Dafür musst du einen bestimmten Hebel drücken oder vorher einen Knopf betätigen, das ist an jeder Maschine etwas anders.

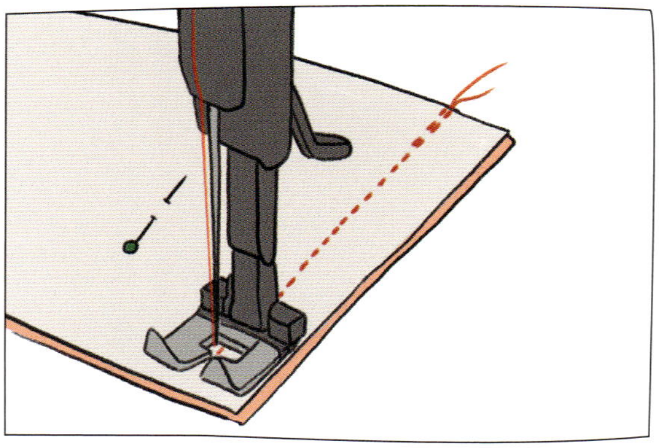

ECKEN NÄHEN

Nähe genau bis zu dem Eckpunkt und drehe am Handrad, bis die Nadel im Filz steckt. Stelle das Füßchen hoch und drehe den Filz, sodass du auf der Linie nach dem Eckpunkt weiternähen kannst. Senke das Füßchen wieder ab, bevor du weiternähst.

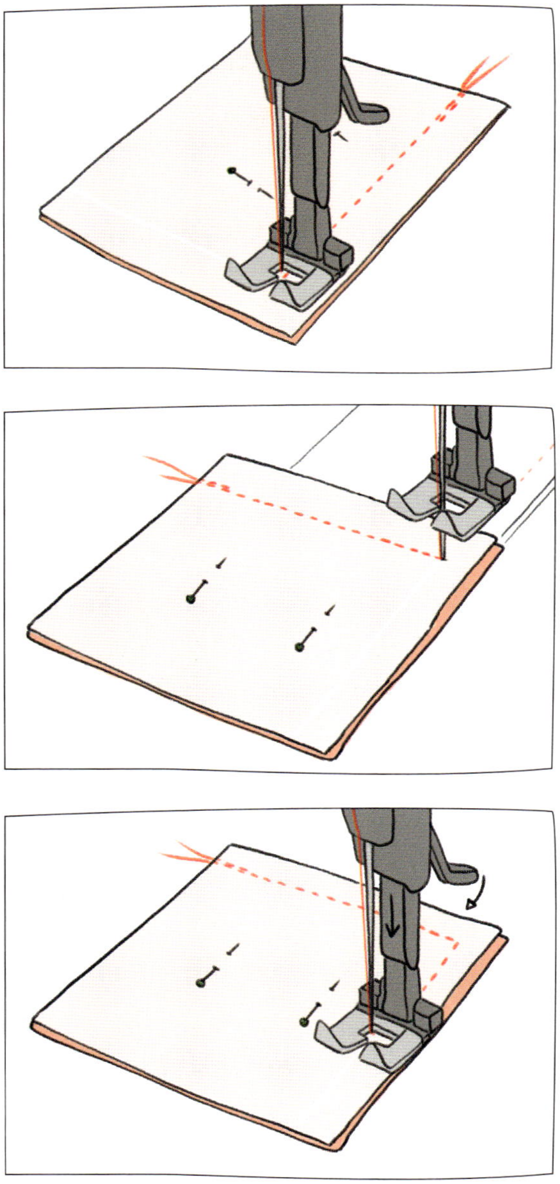

RUNDUNGEN NÄHEN

Manchmal ist es schwer, den Filz so schnell mitzulenken, wie die Rundung genäht werden soll. Dann hältst du einfach kurz an. Senke erst mit dem Handrad die Nadel in den Filz, hebe dann das Füßchen und richte den F lz neu aus. Senke das Füßchen wieder ab und nähe weiter.

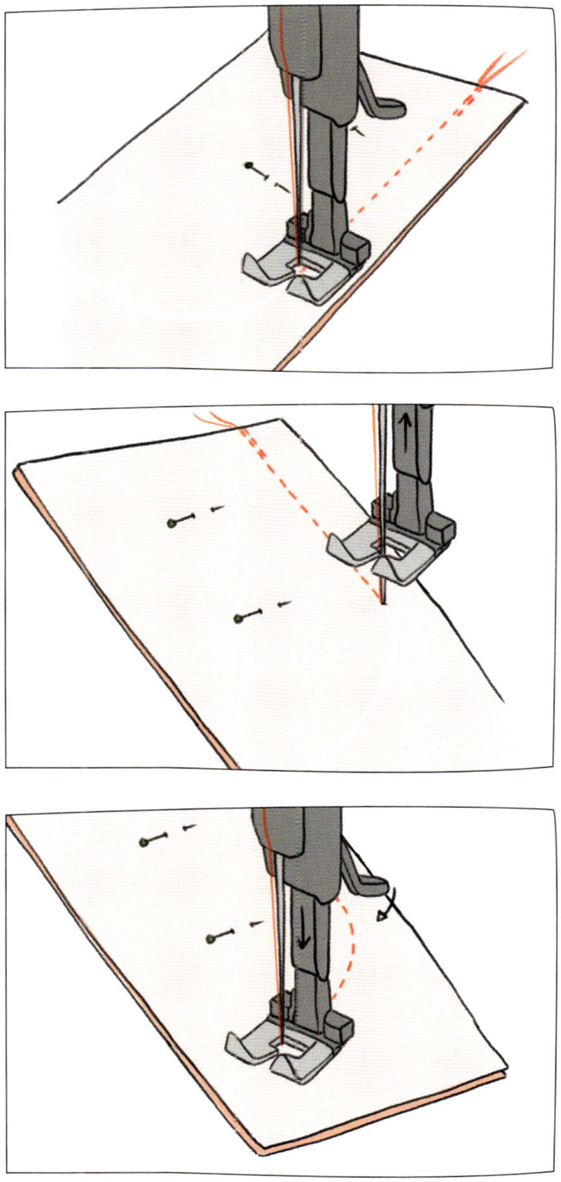

FÜSSCHENBREIT NÄHEN

Mit diesem Abstand werden die meisten Modelle im Buch genäht. Dabei läuft der Rand des Füßchens an der Filzkante entlang. Wenn du es noch zu schwer findest, füßchenbreit zu nähen, kannst du einen Erwachsenen bitten, dir die Nahtlinien auf den Filzteilen mit Schneiderkreide vorzuzeichnen.

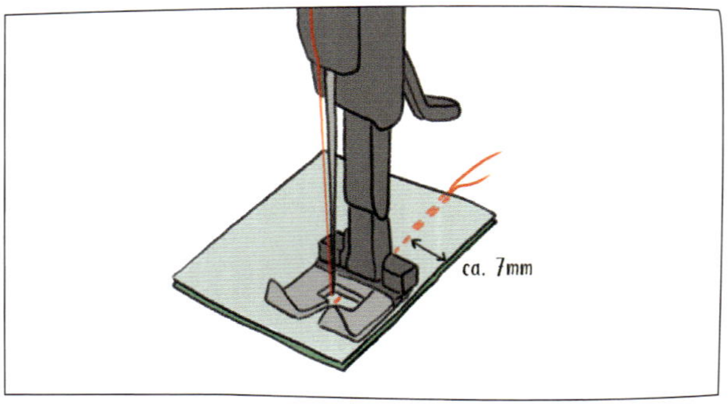

KNAPPKANTIG NÄHEN

Nähe so dich wie möglich an der Modellkante entlang, das eignet sich sehr gut für Modelle aus Filz.

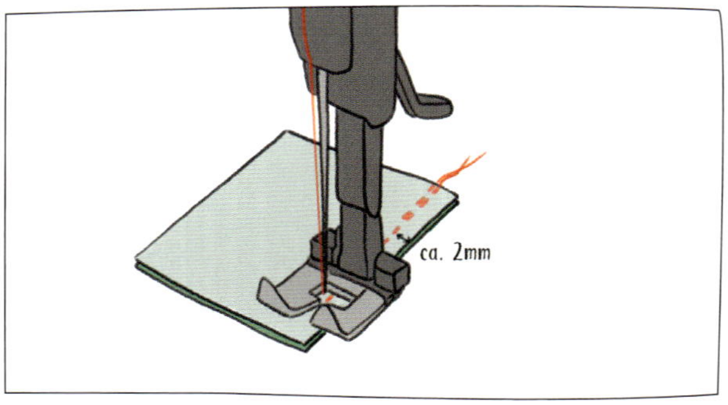

ZICKZACKSTICHE

Bei Zickzackstichen sticht die Nadel abwechselnd links und rechts von der Nahtlinie in den Filz. So entsteht eine Zackenlinie.

NÄHTE AUFTRENNEN

Hast du dich einmal vernäht, trennst du das entsprechende Stück Naht einfach wieder auf und nähst anschließend noch einmal über die Stelle. Sichere dann Anfang und Ende der Naht wieder mit Rückwärtsstichen. Zum Trennen kannst du einen Nahttrenner unter die Nähfäden schieben und die Fäden damit durchschneiden.

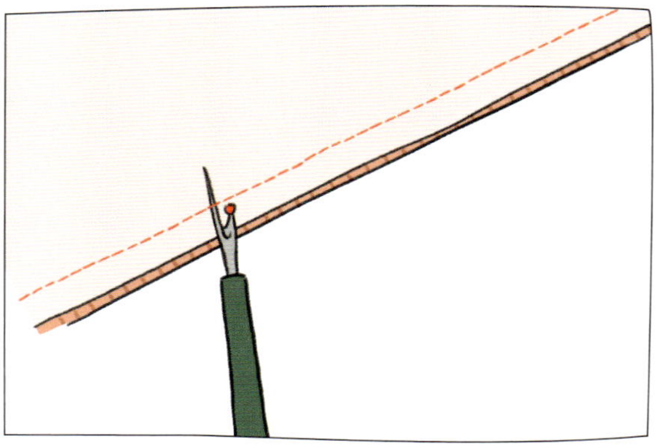

NAHTZUGABEN AN ECKEN ABSCHNEIDEN

Damit sich das Modell nach dem Wenden schön legt, schneidest du die Nahtzugaben an genähten Ecken schmal ab. Achte darauf, dass du nicht in die Naht schneidest.

NAHTZUGABEN AN RUNDUNGEN EINKNIPSEN

Damit sich das Modell nach dem Wenden schön legt, schneidest du die Nahtzugaben an den Rundungen mit einer kleinen spitzen Schere bis kurz vor die Naht v-förmig ein.

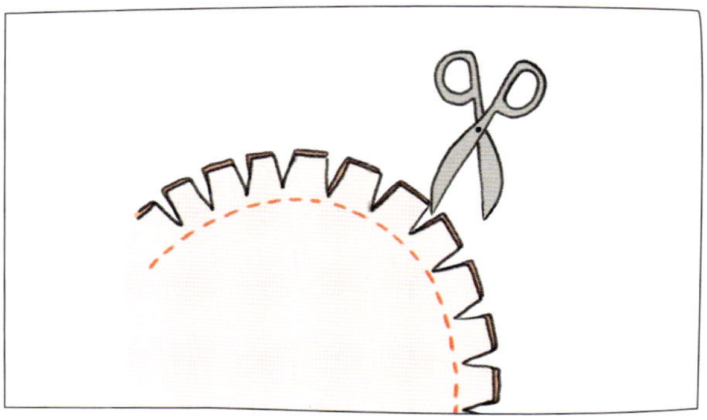

VORSTICHE

Fädle einen Faden in eine Handnähnadel. Lass ein Fadenende länger und verknote es am Ende.

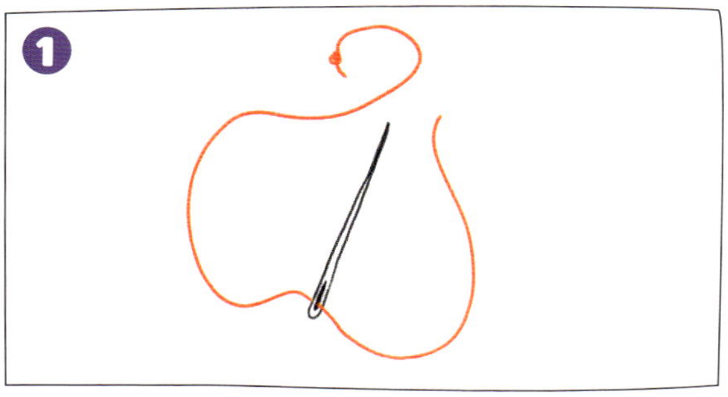

Stich von oben nach unten durch den Stoff. Wandere mit der Nadel etwas weiter und stich von unten nach oben wieder zurück.

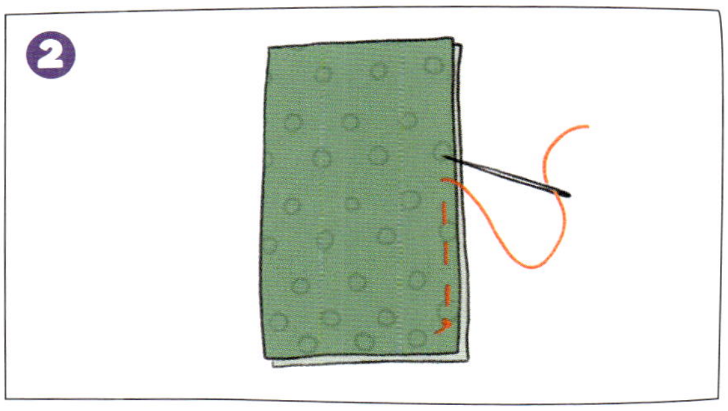

Stich die Nadel weiter abwechselnd von oben und unten durch den Stoff, bis die Naht fertig genäht ist.

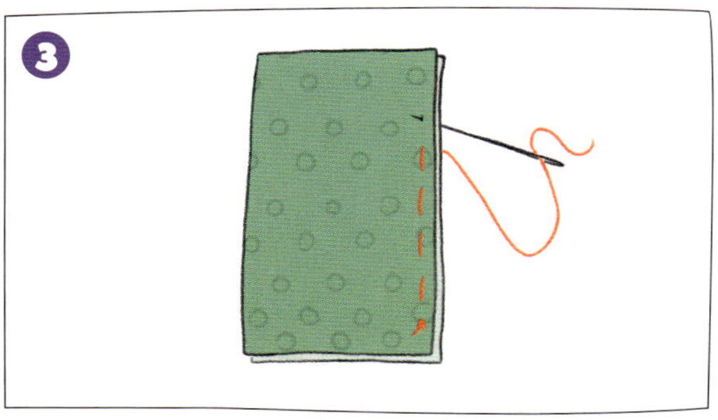

Nähe am Ende mehrere Stiche auf einer Stelle. So kann die Naht nicht aufgehen.

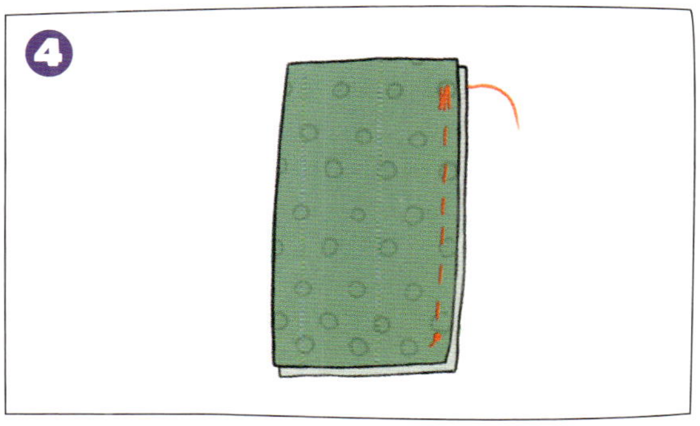

ÜBERWENDLINGSSTICHE

Fädle einen Faden in eine Handnähnadel. Lass ein Fadenende länger und verknote es am Ende.

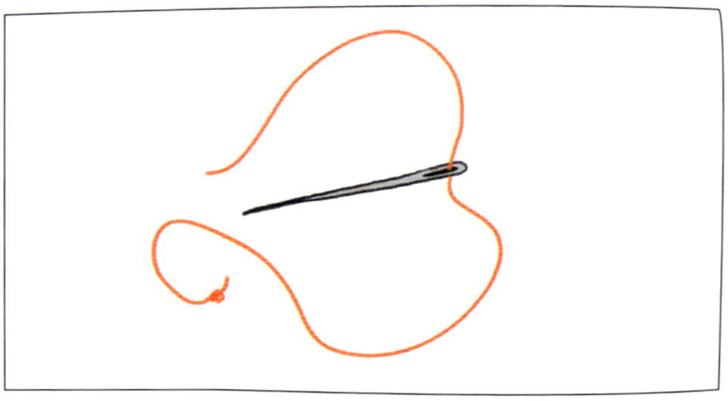

Stich immer von der gleichen Seite aus durch beide Stofflagen. Wandere dabei immer ca. 5 mm weiter.

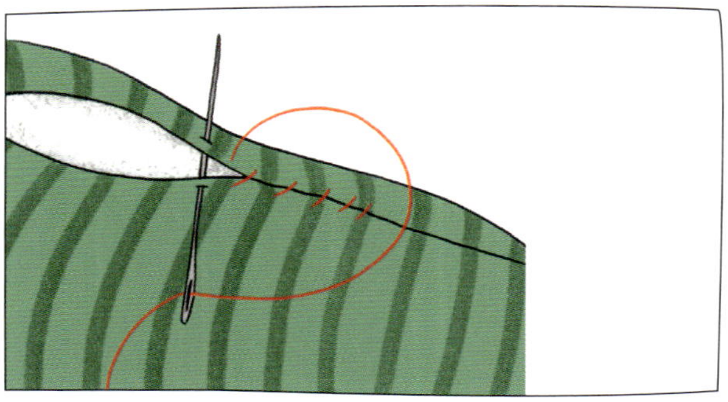

Um die Naht zu sichern, nähst du am Ende mehrere Stiche auf einer Stelle.

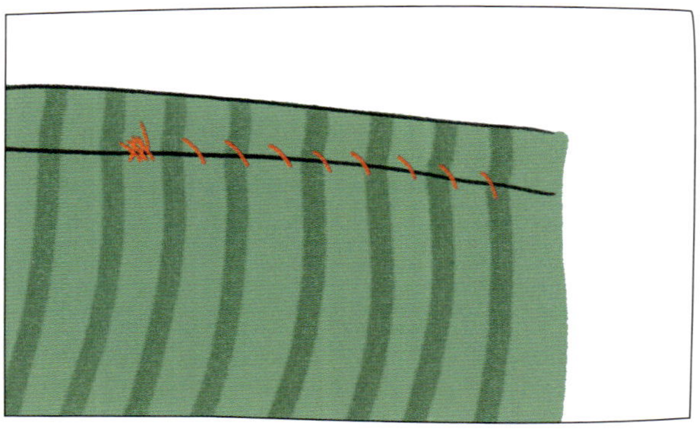

SPANNSTICHE

Fädle einen Faden in eine Handnähnadel. Lass ein Fadenende länger und verknote es am Ende.

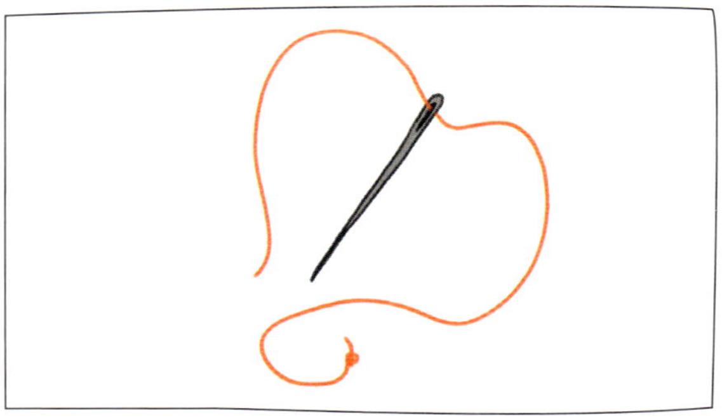

Stich von unten nach oben durch den Stoff. Und anschließend zurück nach unten. Fahre so fort.

Verknote den Faden auf der Unterseite.

BÄNDER AUFNÄHEN

Bänder kannst du entweder mit einer Naht mittig oder an den Rändern mit kleinen Zickzackstichen aufnähen. Versuche an den Rändern die Nadel jeweils abwechselnd auf dem Band und in den Filz einstechen zu lassen.

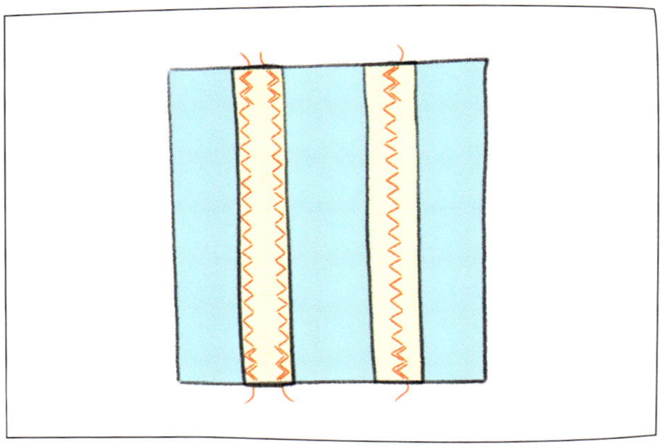

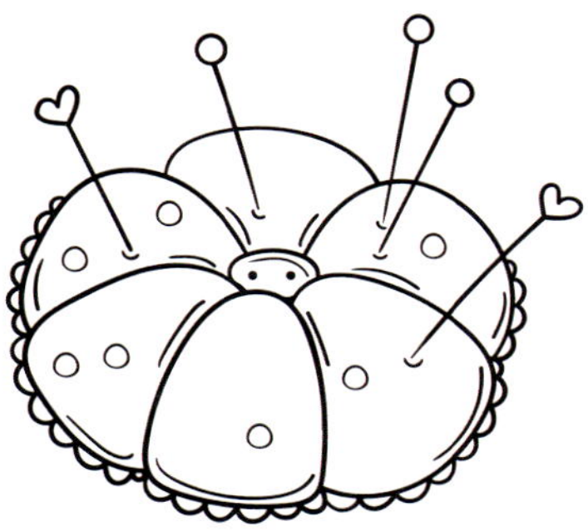

KNOPF MIT 2 LÖCHERN ANNÄHEN

Fädle einen Faden in eine Handnähnadel und lass ein Fadenende länger. Stich von unten durch den Filz und fädle den Knopf auf der Oberseite auf die Nadel. Lass ein Stück Faden auf der Filzunterseite hängen.

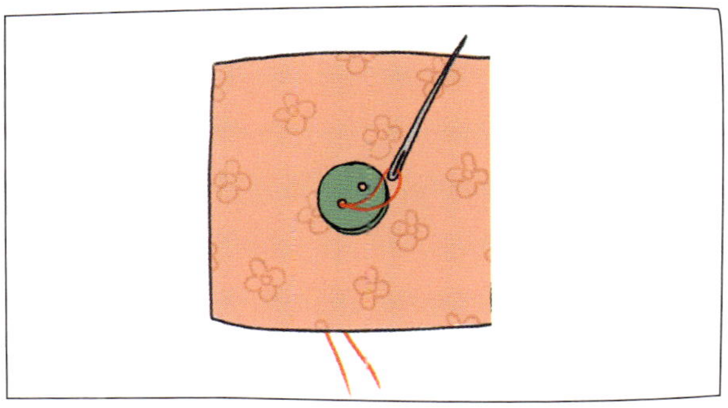

Stich durch das zweite Knopfloch zurück und schiebe die Nadel durch den Filz nach unten.

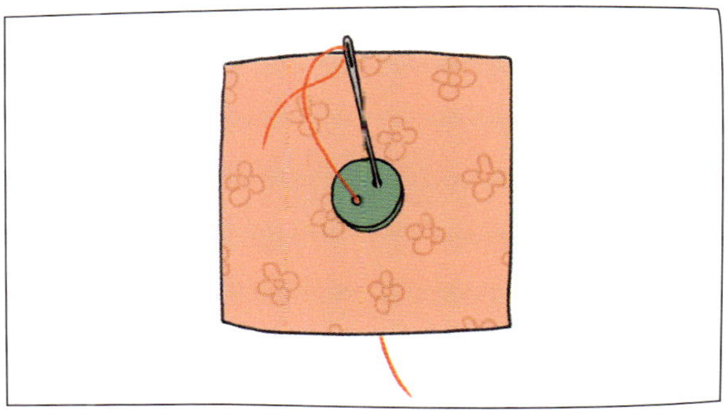

Wiederhole Schritt 1 und 2 noch einige Male. Zum Schluss verknotest du beide Fadenenden auf der Unterseite.

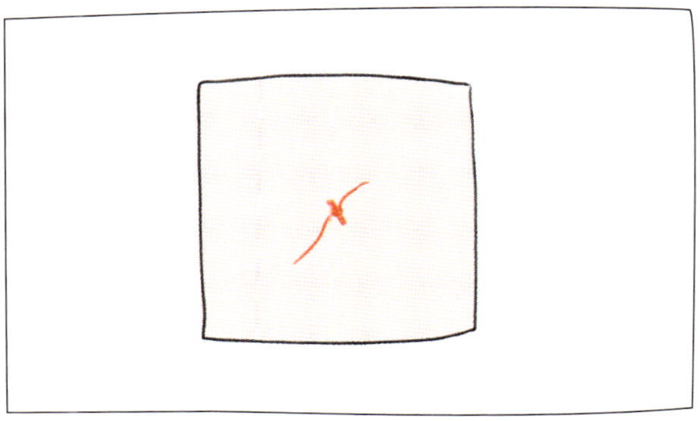

KNOPF MIT 4 LÖCHERN ANNÄHEN

Fädle einen Faden in eine Handnähnadel und lass ein Fadenende länger. Stich von unten durch den Filz und fädle den Knopf auf der Oberseite auf die Nadel. Lass ein Stück Faden auf der Filzunterseite hängen.

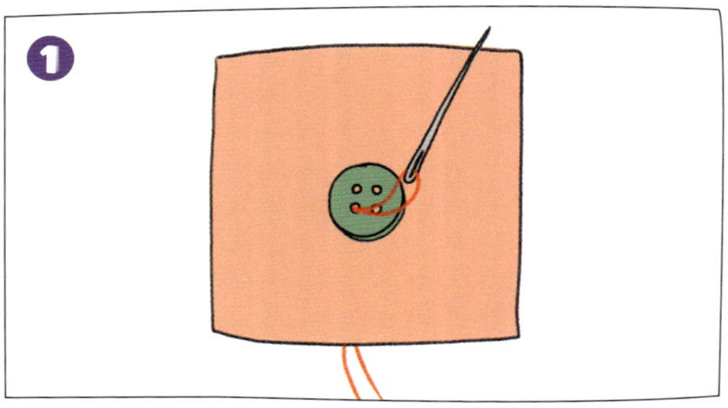

Stich durch das diagonal gegenüberliegende Knopfloch zurück und schiebe die Nadel durch den Filz nach unten.

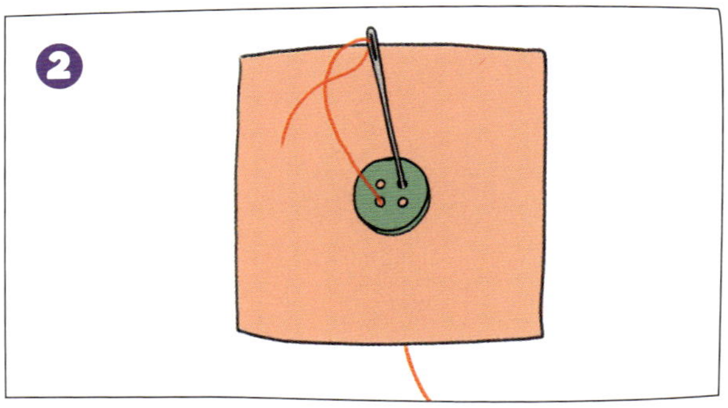

Stich jetzt durch das dritte Knopfloch wieder hoch und durch das letzte freie Knopfloch zurück. So entstehen zwei diagonale Stiche auf dem Knopf.

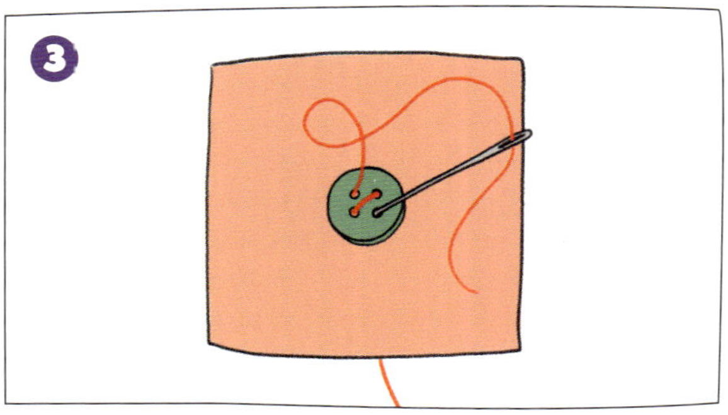

Wiederhole Schritt 1–3 noch einige Male. Zum Schluss verknotest du beide Fadenenden auf der Unterseite.

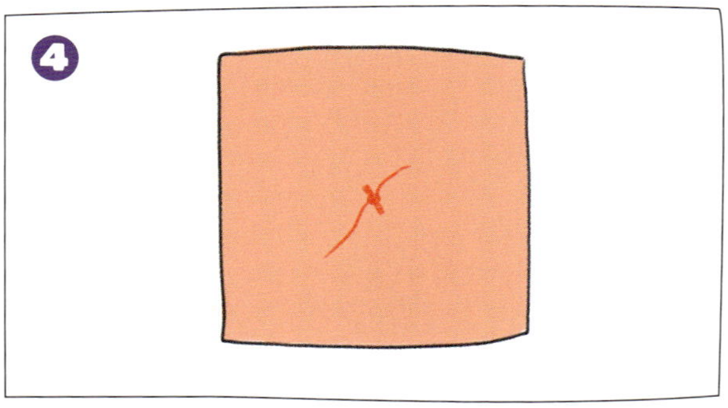

PERLE ANNÄHEN

Fädle einen Faden in eine Handnähnadel und lass ein Fadenende länger. Stich von unten durch den Filz und fädle die Perle auf der Oberseite auf die Nadel. Lass ein Stück Faden auf der Filzunterseite hängen.

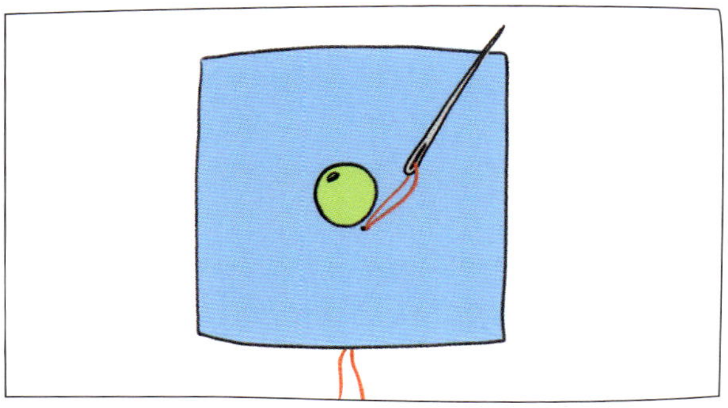

Stich direkt neben der Stelle, wo du ausgestochen hast, wieder in den Filz ein und schiebe die Nadel durch den Filz nach unten.

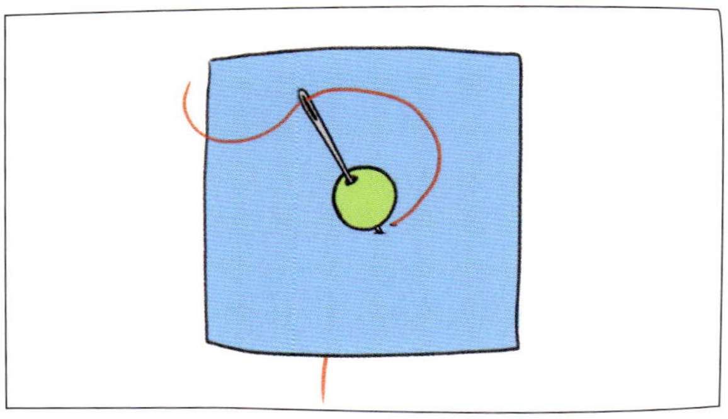

Wiederhole Schritt 1 und 2 noch einige Male. Zum Schluss verknotest du beide Fadenenden auf der Unterseite.

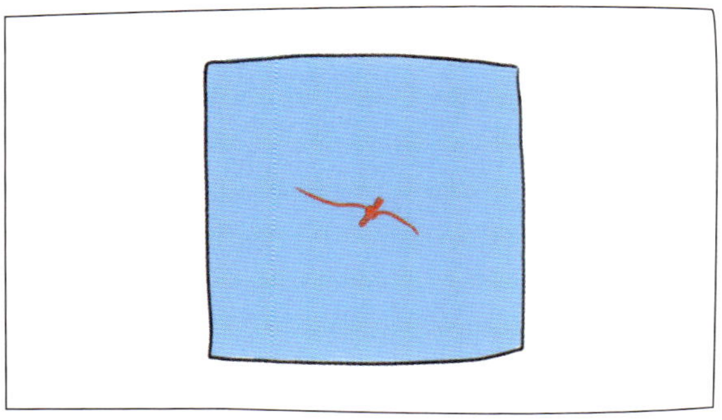

ÖSENKNOPF ANNÄHEN

Fädle einen Faden in eine Handnähnadel und lass ein Fadenende länger. Stich von unten durch den Filz und fädle die Nadel durch die Öse unter dem Knopf. Lass ein Stück Facen auf der Filzunterseite hängen.

Stich direkt neben der Stelle, wo du ausgestochen hast, wieder in den Filz ein und schiebe die Nadel durch den Filz nach unten.

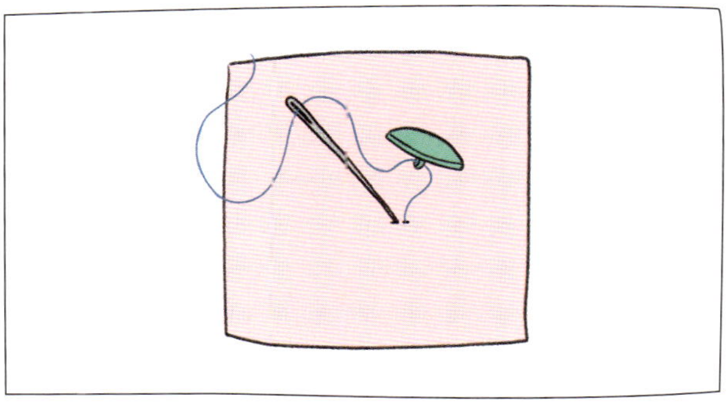

Wiederhole Schritt 1 und 2 noch einige Male. Zum Schluss verknotest du beide Fadenenden auf der Unterseite.

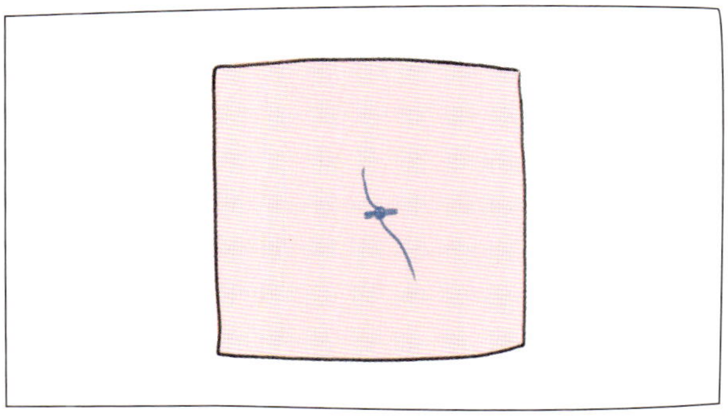

KNOPF ANNÄHEN

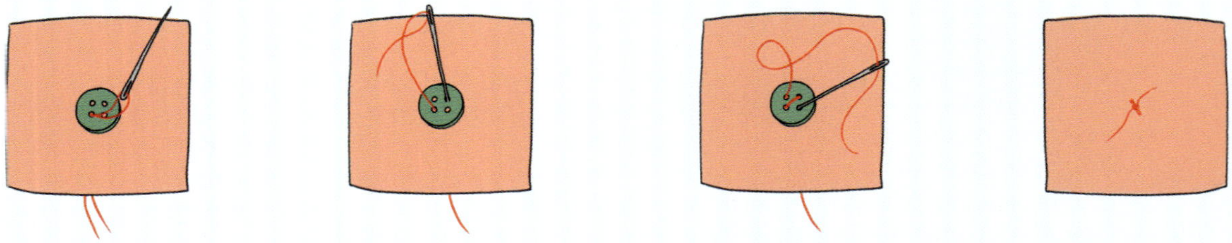

1 Fädle einen Faden in eine Handnähnadel und lass ein Fadenende länger. Stich von unten durch den Filz und fädle den Knopf auf der Oberseite auf die Nadel. Lass ein Stück Faden auf der Filzunterseite hängen.

2 Stich durch das diagonal gegenüberliegende Knopfloch zurück und schiebe die Nadel durch den Filz nach unten.

3 Stich jetzt durch das dritte Knopfloch wieder hoch und durch das letzte freie Knopfloch zurück. So entstehen zwei diagonale Stiche auf dem Knopf.

4 Wiederhole Schritt 1–3 noch einige Male. Zum Schluss verknotest du beide Fadenenden auf der Unterseite.

KLEINER BRUSTBEUTEL

DARIN IST DEIN TASCHENGELD SICHER

MATERIAL

• Filz für die Tasche, 2 mm stark, 25 cm x 30 cm • Filz für die Blume, 1 mm stark, 6 cm x 6 cm • Kordel, ø 5 mm, 80 cm lang • Knopf mit 4 Löchern, ø 2 cm • farblich passendes Nähgarn • UHU Alleskleber

Vorlagenbogen B

AUSSCHNEIDEN

Filz für die Tasche
1x das vordere Taschen-Teil
1x das rückwärtige Taschen-Teil mit Klappe

Filz für die Blume
1x die Blume

NÄHEN

1. Klebe die Blume auf die Klappe des rückwärtigen Taschenteils. Trocknen lassen. Schneide das Knopfloch durch Blume und Klappe. Nähe den Knopf auf das vordere Teil.

2. Stecke die Kordel gemäß den Markierungen auf die Rückseite (die Seite ohne Blume). Nähe sie quer mit Zickzackstichen fest.

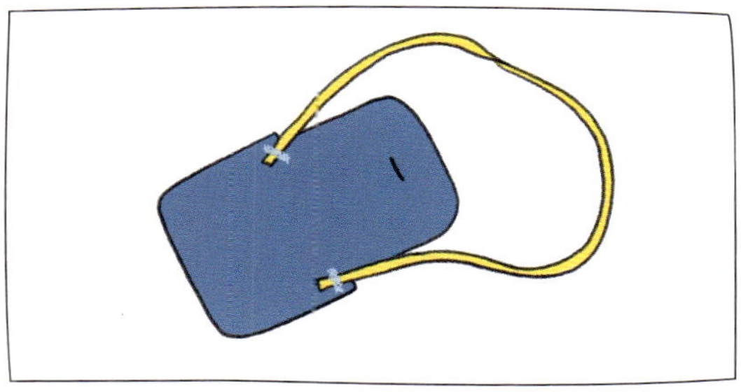

3. Lege das rückwärtige Taschenteil mit der Blume nach unten auf die Arbeitsfläche. Stecke das vordere Teil mit dem Knopf nach oben darauf fest. Nähe die Teile knappkantig mit geraden Stichen zusammen.

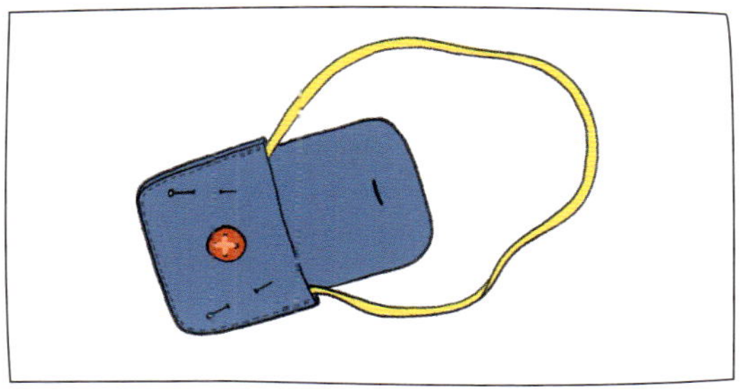

STECKENPFERD

GALOPPIERT MIT DIR DURCH DICK UND DÜNN

MATERIAL

• Filz für das Pferd, 1 mm stark, 50 cm x 90 cm • Filz in Weiß für das Auge, 1 mm stark, 4 cm x 8 cm • Wolle • 2 Tieraugen zum Stecken, ø 1,8 cm • farblich passendes Nähgarn • Füllwatte • 1 Rundholzstab, ø 2 cm, 1 m lang

Vorlagenbogen A

AUSSCHNEIDEN

Filz für das Pferd
2x das Ohr
2x das Pferd

Filz in Weiß
2x den Augenkreis

NÄHEN

1 Lege die beiden Teile für das Pferd spiegelverkehrt auf die Arbeitsfläche. Schneide mit einer kleinen spitzen Schere Kreuzchen, wo später die Augen sitzen werden. Stecke die Augenteile jeweils auf einen weißen Filzkreis und befestige sie an den Pferdeteilen. Falte die Ohren und stecke sie an der Markierungslinie fest. Nähe die Ohren an der Unterkante knappkantig fest.

2 Lege die Pferdeteile aufeinander, die Augen und Ohren zeigen jeweils nach außen. Schneide für die Mähne viele 15 cm lange Wollfäden. Schiebe die Wollfäden im Bereich der Mähne (Markierung im Schnittmuster) zwischen die Pferdeteile. Fixiere die Filzlagen mit der Wolle dazwischen mit vielen Stecknadeln. Stecke die Nadeln dicht nebeneinander, damit die Wolle beim Nähen nicht herausrutschen kann. Falte die Ohren nach unten und stecke sie fest, damit sie beim Nähen später nicht im Weg sind. Nähe die Pferdeteile an den Seiten und im Kopfbereich füßchenbreit zusammen. Die untere Kante lässt du offen.

3 Fülle das genähte Pferd mit Watte. Im unteren Bereich füllst du nur wenig Watte ein. Nähe die unteren Kanten des Pferds von beiden Seiten aus bis zur Lücke in der Mitte füßchenbreit zusammen. Schiebe den Holzstab durch die Lücke zwischen die Watte bis nach oben in das Pferd hinein. Und schon kannst du losreiten!

ROLLMÄPPCHEN

FÜR STIFTE UND MEHR

MATERIAL

• Filz für die Innenseite 1 mm stark, 20 cm x 30 cm • Filz für die Außenseite, 1 mm stark, 20 cm x 30 cm • Filz für das Stifte-Teil, 1 mm stark, 12 cm x 30 cm • Baumwollband, 1 cm breit, 60 cm lang • farblich passendes Nähgarn

Vorlagenbogen A

AUSSCHNEIDEN

Filz für das Stifte-Teil
1x das Stifte-Teil

Filz für die Innenseite
1x das Mäppchen-Teil

Filz für die Außenseite
1x das Mäppchen-Teil

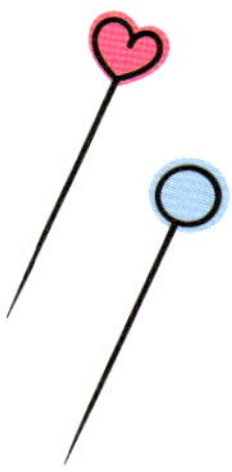

LINIEN ÜBERTRAGEN

Lege das Schnittmusterpapier auf den Filz. Durchbohre das Schnittmuster jeweils am Anfang und Ende der Striche mit einem Bleistift oder Schneiderkreidestift. So erhältst du jeweils zwei Punkte auf dem Filz. Nimm das Schnittmusterpapier ab und verbinde die durchgestochenen Punkte mit Bleistift oder Schneiderkreide (siehe Seite 21).

NÄHEN

1. Stecke das Stifte-Teil auf das Mäppchen-Teil für die Innenseite. Übertrage die Nahtlinien mit Schneiderkreide und nähe sie nach.

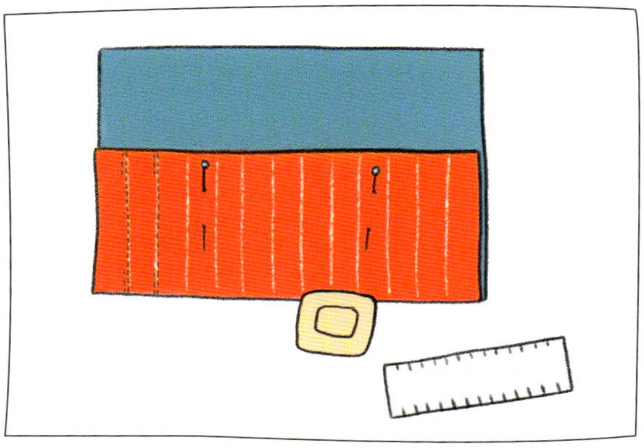

2. Lege das genähte Teil auf das Mäppchen-Teil für die Außenseite. Lege das Band zur Schlaufe und schiebe es am Rand zwischen die großen Mäppchen-Teile. Nähe die Teile rundum füßchenbreit zusammen.

HANDPUPPE

BÜHNE FREI FÜR DIE EULE!

MATERIAL

• Filz für die Eule, 1 mm stark, 2x A4 • Filz für den Bauch, 1 mm stark, 15 cm x 15 cm • Filz in Weiß, 1 mm stark, 6 cm x 12 cm • Filz in Schwarz, 1 mm stark, 3 cm x 6 cm • Filz für den Schnabel, 1 mm stark, 4 cm x 4 cm • Webband, 1 cm breit, 20 cm lang • farblich passendes Nähgarn

Vorlagenbogen B

NÄHEN

1 Stecke den Bauch auf ein Eulenteil und nähe ihn rundum knappkantig fest.

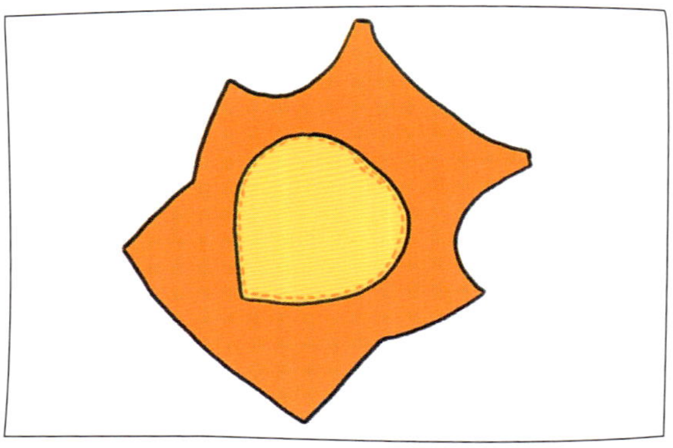

2 Stecke das Augenteil so auf, dass es das Bauchteil etwas überlappt. Nähe es knappkantig fest.

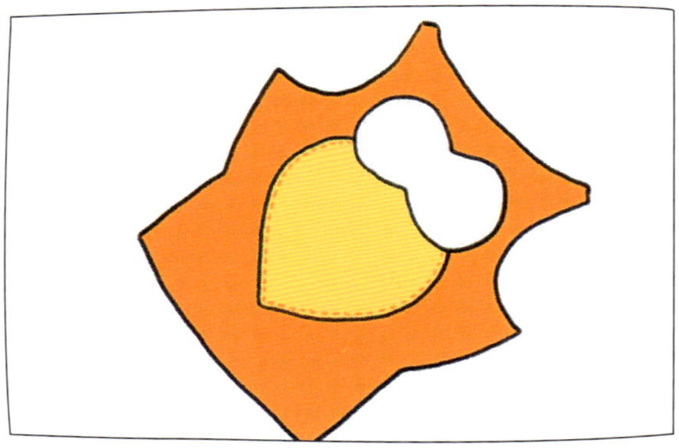

3 Lege die beiden Eulenteile aufeinander. Schiebe je zwei Webbandstreifen an den oberen Spitzen zwischen die Filzlagen und stecke sie fest. Nähe die Eulenteile oben und an den Seiten knappkantig zusammen.

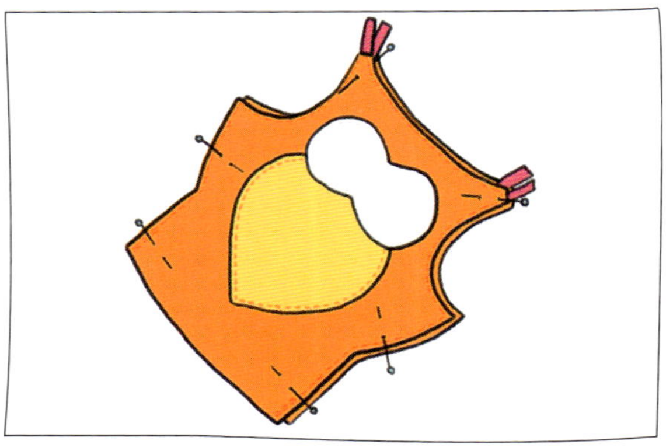

4 Klebe den Schnabel und die Pupillen auf. Probiere bei den Pupillen vor dem Festkleben aus, in welche Richtung die Eule schauen soll.

AUSSCHNEIDEN

Filz für die Eule
2x die Eule

Filz für den Bauch
1x den Bauch

Filz in Weiß
1x das Augen-Teil

Filz in Schwarz
2x die Pupille

Filz für den Schnabel
1x den Schnabel

Webband
4 Streifen für die Ohren, je 5 cm lang

SCHALE

FÜR KRIMSKRAMS

MATERIAL

• Filz für die Innenseite, 1 mm stark, 20 cm x 20 cm
• Filz für die Außenseite, 1 mm stark, 20 cm x 20 cm • farblich passendes Nähgarn
Vorlagenbogen A

AUSSCHNEIDEN

Filz für die Innenseite
1x die Schale

Filz für die Außenseite
1x die Schale

NÄHEN

1. Stecke die Teile für die Innenseite und die Außenseite aufeinander und nähe sie an allen Außenkanten knappkantig zusammen.

2. Stecke die Filzlagen jeweils an einem offenen Schlitz aufeinander. Übertrage die Nahtlinie entsprechend der Markierung im Schnittmuster mit Kreide auf den Filz. Nähe den Schlitz zusammen. Die Naht verläuft im rechten Winkel zur Außenkante.

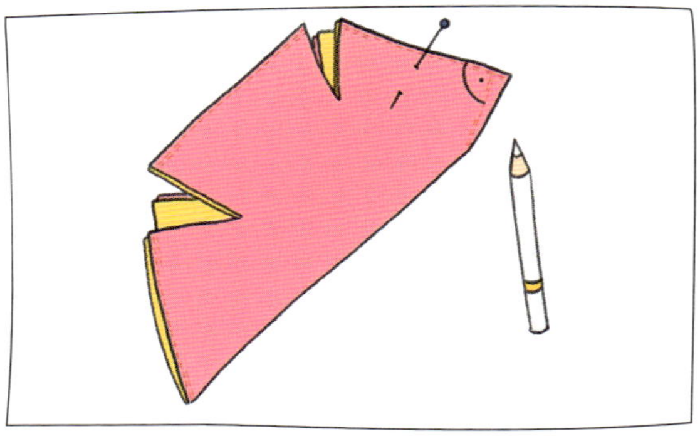

3. Nähe die restlichen offenen Schlitze wie in Schritt 2 beschrieben zusammen. Zum Schluss wendest du die Schale.

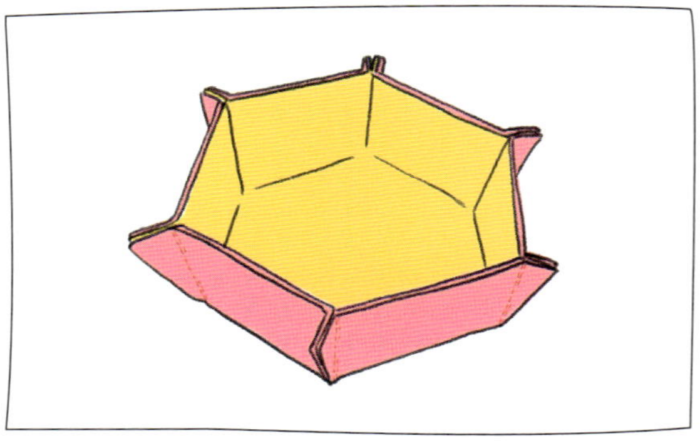

MONSTERKISSEN

MIT GEHEIMER TASCHE

MATERIAL

• Filz für das Kissen, 1 mm stark, 35 cm x 100 cm • Filz in 2 verschiedenen Farben, 1 mm stark, je 10 cm x 10 cm • Filz in Weiß, 1 mm stark, 20 cm x 15 cm • Filz in Schwarz, 1 mm stark, 3 cm x 6 cm • Füllwatte • farblich passendes Nähgarn • UHU Alleskleber

Vorlagenbogen A

AUSSCHNEIDEN

Filz für das Kissen
3x das Kissen

Filz in 2 verschiedenen Farben
1x den großen Außenkreis
1x den kleinen Außenkreis

Filz in Weiß
1x den großen Augenkreis
1x den kleinen Augenkreis
1x den großen Zahn
1x den kleinen Zahn

Filz in Schwarz
2x die Pupille

NÄHEN

1. Stecke den großen und den kleinen farbigen Außenkreis und die beiden Zähne auf ein Kissen-Teil. Das Schnittmuster zeigt dir, wo die Teile sitzen. Nähe die Teile knappkantig fest.

2. Stecke die beiden weißen Augenkreise auf die farbigen Kreise und nähe sie knappkantig fest. Klebe die Pupillen auf.

3 Lege das Kissen-Teil mit Augen und Zähnen auf ein zweites Kissen-Teil. Falte das dritte Kissen-Teil mittig und stecke es als Tasche auf dem oberen Kissen-Teil fest. Nähe alle Filzlagen rundum füßchenbreit zusammen. Lass dabei an der oberen Kante eine Öffnung. Fülle das Kissen mit Watte.

4 Näh zum Schluss die Öffnung an der oberen Kante mit Vorstichen von Hand zu.

VORSTICHE

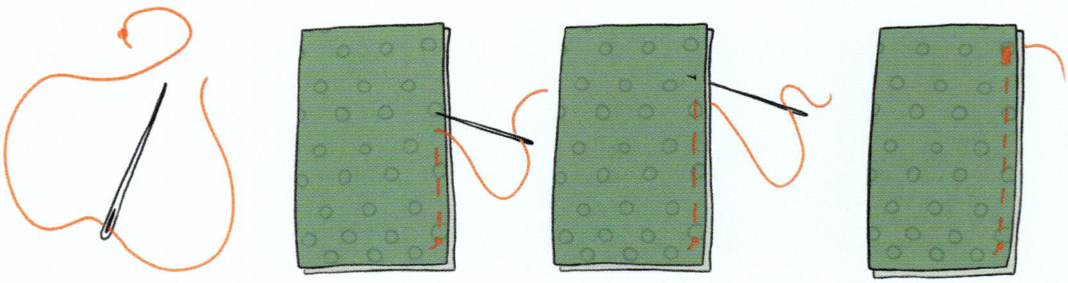

1
Fädle einen Faden in eine Handnähnadel. Lass ein Fadenende länger und verknote es am Ende.

2
Stich von oben nach unten durch den Stoff. Wandere mit der Nadel etwas weiter und stich von unten nach oben wieder zurück.

3
Stich die Nadel weiter abwechselnd von oben und unten durch den Stoff, bis die Naht fertig genäht ist.

4
Nähe am Ende mehrere Stiche auf einer Stelle. So kann die Naht nicht aufgehen.

DREI GEWINNT

MIT TUNNELZUG-BEUTEL

MATERIAL

Für das Spiel

- Filz, 1 mm stark, 15 cm x 15 cm
- farblich passendes Nähgarn
- 2x 5 Knöpfe oder Steine

Für den Beutel mit Tunnelzug

- Filz, 1 mm stark, 40 cm x 18 cm
- Band, 15 mm breit, 70 cm lang
- Sicherheitsnadel
- Nähgarn in Kontrastfarbe

Vorlagenbogen B

AUSSCHNEIDEN

Filz für das Spiel
1x das Spiel

Filz für den Beutel
2x den Beutel

TIPP
In dem Beutel kannst du auch andere Kleinigkeiten aufbewahren.

NÄHEN

1. Übertrage für das Spiel die Linien auf das Filzteil. Nähe mit geraden Stichen dreimal entlang jeder Linie.

2. Klappe für den Beutel die oberen Kanten der Beutel-Teile an der Faltlinie nach unten und befestige sie mit Stecknadeln. Nähe die Umschläge füßchenbreit fest.

3 Lege die Beutel-Teile aufeinander: die umgefalteten Kanten zeigen nach außen. Nähe den Beutel an beiden Seiten und am Boden zusammen. Schneide die Nahtzugaben an den genähten Ecken schräg ab.

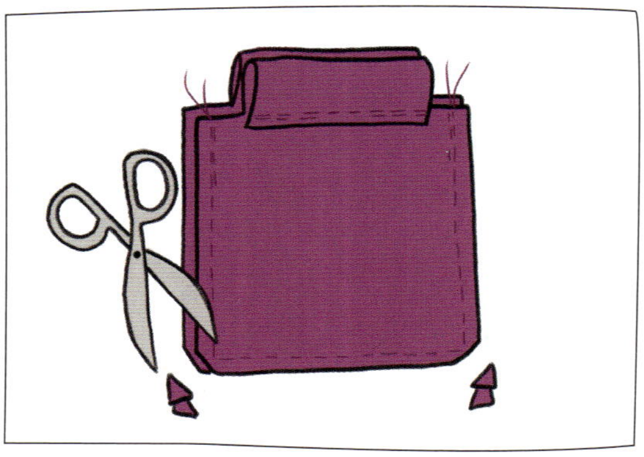

4 Schneide das Band in zwei 35 cm lange Stücke. Befestige an einem Bandende eine Sicherheitsnadel. Schiebe das Band mithilfe der Sicherheitsnadel durch einen Tunnel und anschließend durch den anderen Tunnel zurück.

5 Nimm die Sicherheitsnadel ab und verknote die Bandenden miteinander.

6 Wiederhole Schritt 4 und 5, beginne jedoch auf der anderen Seite des Beutels.

NAHTZUGABEN ABSCHNEIDEN

Damit sich das Modell nach dem Wenden schön legt, schneidest du die Nahtzugaben an genähten Ecken schmal ab. Achte darauf, dass du nicht in die Naht schneidest.

AUSSCHNEIDEN

Filz in Pink oder Rot
1x den oberen Kreis

Filz in Weiß
1x den mittleren Kreis

Filz in Grün
1x den unteren Kreis

UNTERSETZER

FÜR ERFRISCHENDE SOMMER-LIMO

MATERIAL

Für 1 Untersetzer

• Filz in Pink oder Rot, 1 mm stark, 12 cm x 12 cm • Filz in Weiß, 1 mm stark, 12 cm x 12 cm • Filz in Grün, 1 mm stark, 12 cm x 12 cm • farblich passendes Nähgarn • Sticktwist in Schwarz • spitze Sticknadel

Vorlagenbogen B

NÄHEN

1. Übertrage die Markierungen für die Melonenkerne aus dem Schnittmuster „oberer Kreis" mit Schneiderkreide auf den Filz. Sticke die Linien mit Spannstichen in Schwarz nach.

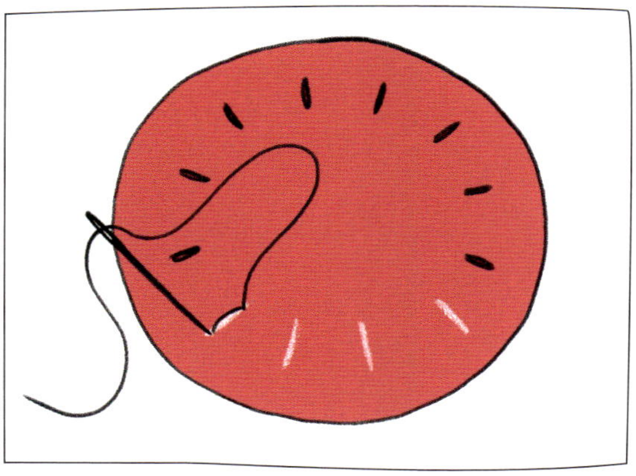

2. Stecke die drei Filzkreise wie abgebildet aufeinander. Nähe den oberen Kreis durch alle Filzlagen knappkantig fest.

SPANNSTICHE

1 Fädle einen Faden in eine Handnähnadel. Lass ein Fadenende länger und verknote es am Ende.

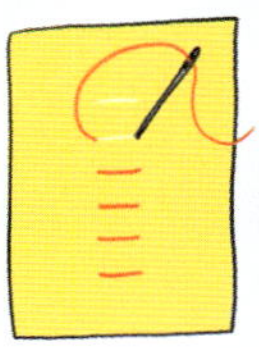

2 Stich von unten nach oben durch den Filz und anschließend zurück nach unten. Fahre so fort.

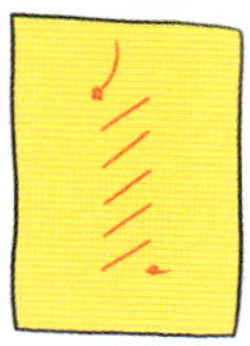

3 Verknote den Faden auf der Unterseite.

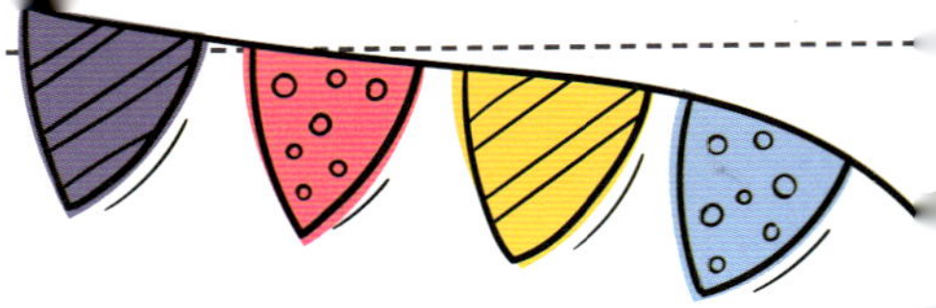

WIMPELKETTE

BUNTE DEKO FÜR DEINE PARTY

MATERIAL

• Filz in verschiedenen Farben, 1 mm stark, pro Wimpel 15 cm x 15 cm, für 2 Wimpel der gleichen Farbe 20 cm x 30 cm • Band, 15 mm breit, 2,50 m lang • farblich passendes Nähgarn

Vorlagenbogen B

AUSSCHNEIDEN

Filz in verschiedenen Farben
9x den Wimpel

ZICKZACKSTICHE

Bei Zickzackstichen sticht die Nadel abwechselnd links und rechts von der Nahtlinie in den Stoff. So entsteht eine Zackenlinie.

NÄHEN

1. Stecke das Band jeweils auf der oberen Kante der Wimpel fest. Lass zwischen den Wimpeln ein wenig Abstand und das Band an beiden Enden überstehen.

2. Nähe die Wimpel mittig auf dem Band mit breiten Zickzackstichen fest.

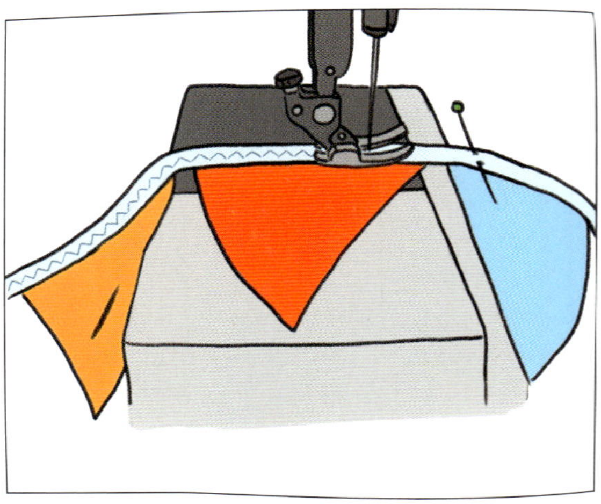

LESEZEICHEN

IMMER AUF DER RICHTIGEN SEITE!

MATERIAL

• Filz, 1 mm stark, 5 cm x 40 cm • Band, 1 cm breit, 45 cm lang • Gummikordel, ø 1 mm, 15 cm lang • Knopf mit 2 Löchern, ø 1–2 cm • farblich passendes Nähgarn

Vorlagenbogen B

AUSSCHNEIDEN

1x das Lesezeichen

NÄHEN

1. Schlage das Band an einem Ende 4 cm um. Lege das Band mittig auf das Lesezeichen. Der Umschlag steht nun als Schlaufe an einer Seite über. Schlage das Band am anderen Ende 1 cm um. Die Kante des Bands und die Filzkante sind passgenau aufeinander. Nähe das Band rundum mit kleinen Zickzackstichen fest.

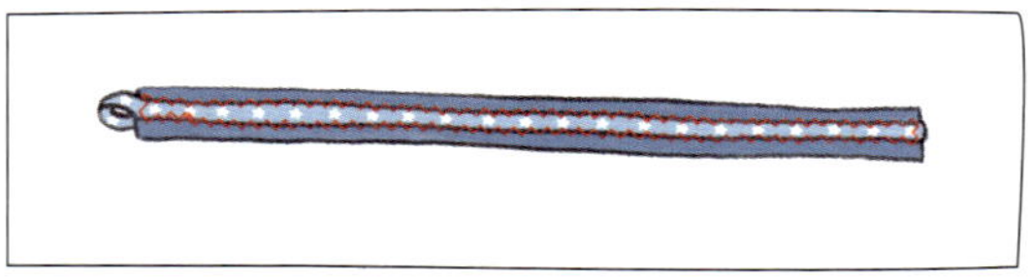

2. Ziehe die Gummikordel durch die Bandschlaufe und verknote die Enden. Nähe an dem anderen Ende des Lesezeichens den Knopf auf.

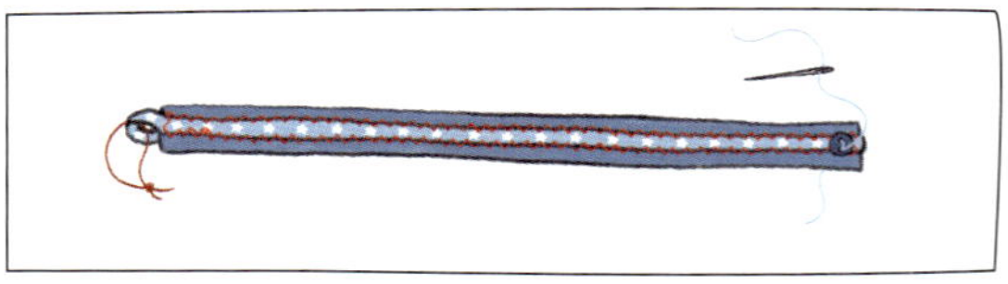

BÄNDER AUFNÄHEN

Bänder kannst du entweder mit einer Naht mittig oder an den Rändern mit kleinen Zickzackstichen aufnähen. Versuche an den Rändern die Nadel jeweils abwechselnd auf dem Band und in den Filz einstechen zu lassen.

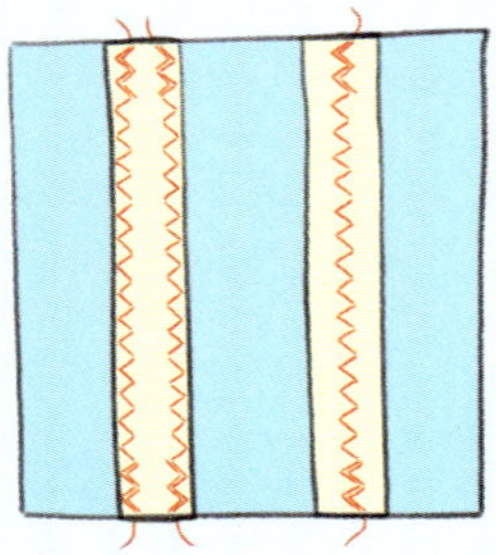

HINWEIS

Das Lesezeichen passt für ein Buch mit einer Höhe von 22 cm. Für ein höheres Buch verlängerst du das Filzstück einfach entsprechend.

KNOPF ANNÄHEN

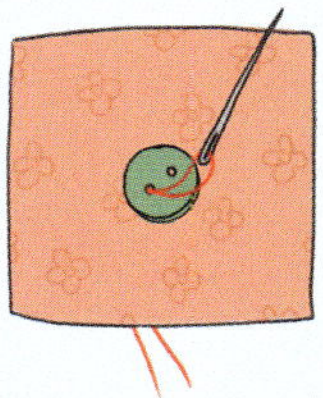

1 Fädle einen Faden in eine Handnähnadel und lass ein Fadenende länger. Stich von unten durch den Filz und fädle den Knopf auf der Oberseite auf die Nadel. Lass ein Stück Faden auf der Filzunterseite hängen.

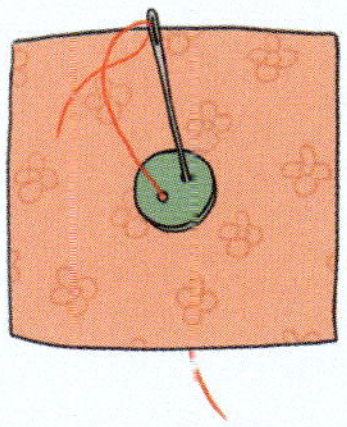

2 Stich durch das zweite Knopfloch zurück und schiebe die Nadel durch den Filz nach unten.
Wiederhole Schritt 1 und 2 noch einige Male. Zum Schluss verknotest du beide Fadenenden auf der Unterseite.

AUSSCHNEIDEN

Filz in Braun oder Beige
2x den Donut

Filz für den Zuckerguss
1x den Zuckerguss

Filz für die Streusel
7 Zuckerstreusel, 5 mm x 1 cm

DONUT

ZU HÜBSCH ZUM ANBEISSEN!

MATERIAL

• Filz in Braun oder Beige, 1 mm stark, 16 cm x 32 cm • Filz für den Zuckerguss 1 mm stark, 12 cm x 12 cm • Filz für die Streusel, Rest • Füllwatte • farblich passendes Nähgarn • UHU Alleskleber

Vorlagenbogen B

NÄHEN

1. Stecke den Zuckerguss mittig auf ein Donut-Teil und nähe ihn an der Außenkante knappkantig fest.

2. Stecke beide Donut-Teile aufeinander, der Zuckerguss liegt innen. Nähe die Donut-Teile füßchenbreit an der Außenkante zusammen, lass dabei die Füllöffnung aus. Knipse die Nahtzugaben v-förmig ein.

NAHTZUGABEN AN RUNDUNGEN EINKNIPSEN

Damit sich das Modell nach dem Wenden schön legt, schneidest du die Nahtzugaben an den Rundungen mit einer kleinen spitzen Schere bis kurz vor die Naht v-förmig ein.

3 Wende den Donut. Nähe die Innenkreise dicht am Rand mit Zickzackstichen zusammen. Fülle den Donut durch die Öffnung fest mit Watte aus.

4 Falte die Nahtzugaben an der Füllöffnung nach innen und schließe die Öffnung mit Überwendlingsstichen. Klebe die Zuckerstreusel auf.

ÜBERWENDLINGSSTICHE

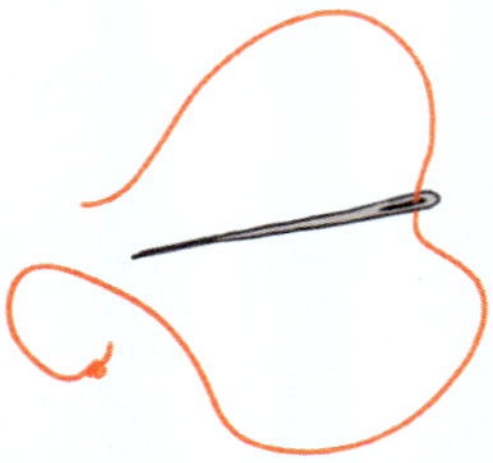

1 Fädle einen Faden in eine Handnähnadel. Lass ein Fadenende länger und verknote es am Ende.

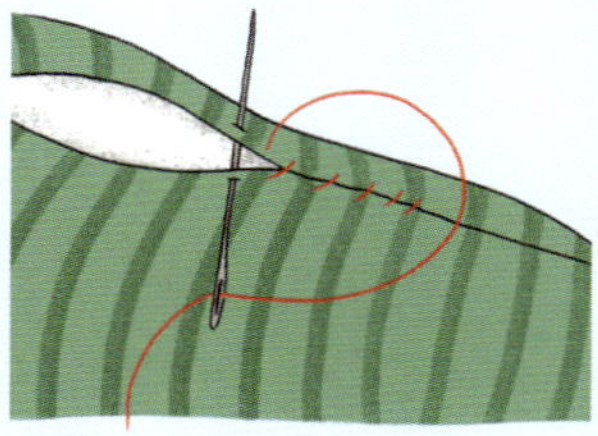

2 Stich immer von der gleichen Seite aus durch beide Stofflagen. Wandere dabei mit der Nadel immer ca. 5 mm weiter.

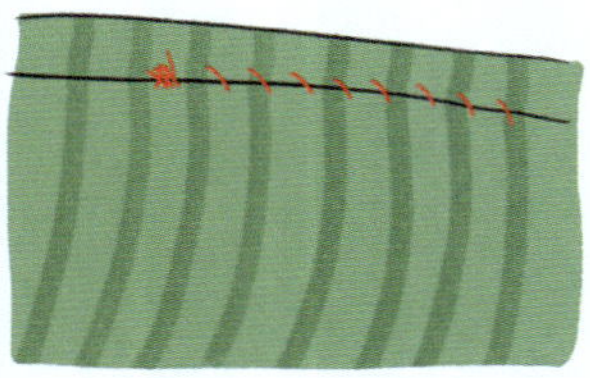

3 Nähe am Ende mehrere Stiche auf einer Stelle. So kann die Naht nicht aufgehen.

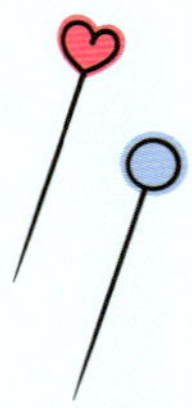

KUSCHELBÄR

HAT DICH LIEB!

MATERIAL

• Filz für den Bär, 1 mm stark, 50 cm x 25 cm • Filz in Weiß, 1 mm stark, 6 cm x 8 cm • Filz in Schwarz, 1 mm stark, 3 cm x 4 cm • Filz für die Schnauze, 1 mm stark, 7 cm x 10 cm • Filz für das kleine Herz, 1 mm stark, 4 cm x 4 cm • Filz für das große Herz, 1 mm stark, 5 cm x 5 cm • Füllwatte • farblich passendes Nähgarn • UHU Alleskleber • Stoffmalstift in Schwarz

Vorlgaenbogen B

AUSSCHNEIDEN

Filz für den Bär
2x den Bär
2x den Arm
2x das Bein
2x das Ohr

Filz für die Schnauze
1x die Schnauze

Filz für das kleine Herz
1x das kleine Herz

Filz für das große Herz
1x das große Herz

Filz in Weiß
1x das Augen-Teil

Filz in Schwarz
1x die Nase

NÄHEN

1. Stecke das Augen-Teil auf ein Bären-Teil und nähe es knappkantig entlang der oberen beiden Bögen fest. Lege das kleine Herz auf das große Herz und stecke beide auf das Bären-Teil. Nähe die Herzen mit geraden Stichen in der Mitte fest.

2. Stecke die Schnauze etwas überlappend über das Auger-Teil. Nähe sie rundum knappkantig fest.

3. Klebe die Nase auf und male Augen und Mund mit dem Stoffmalstift nach.

4 Lege die beiden Bären-Teile aufeinander. Schiebe Ohren, Arme und Beine ca. 1 cm breit zwischen die Filzlagen. Stecke alles fest und nähe den Bären rundum zusammen. Lass dabei an der Seite eine Öffnung. Fülle den Bären vom Kopf nach unten mit Watte aus.

5 Stecke die Kanten an der Füllöffnung aufeinander und nähe die Öffnung mit Vorstichen zu.

VORSTICHE

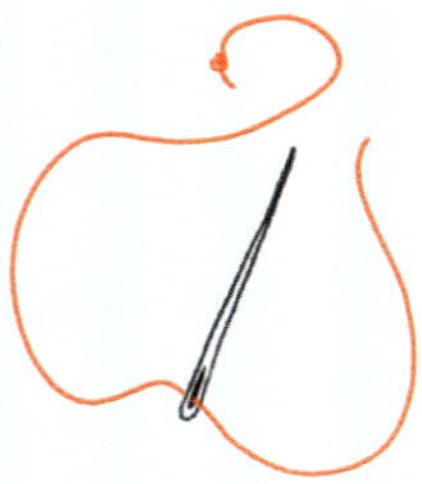

1 Fädle einen Faden in eine Handnähnadel. Lass ein Fadenende länger und verknote es am Ende.

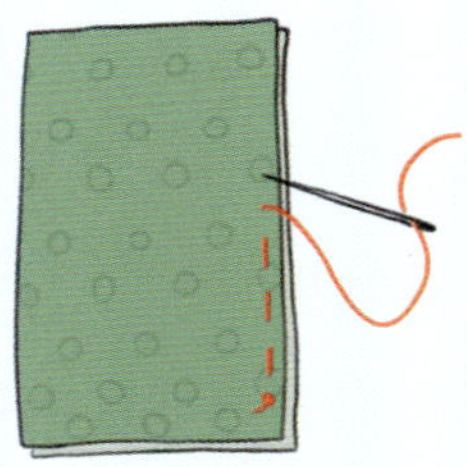

2 Stich von oben nach unten durch den Stoff. Wandere mit der Nadel etwas weiter und stich von unten nach oben wieder zurück.

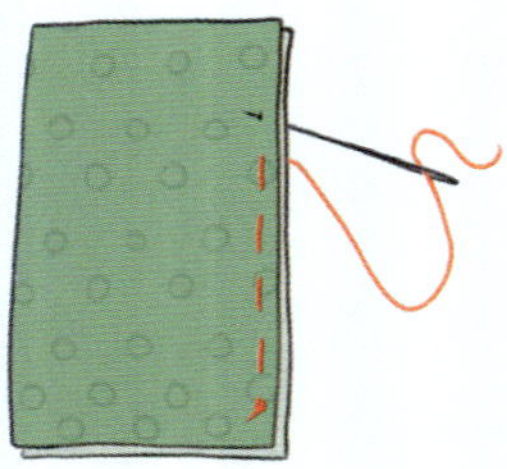

3 Stich die Nadel weiter abwechselnd von oben und unten durch den Stoff, bis die Naht fertig genäht ist.

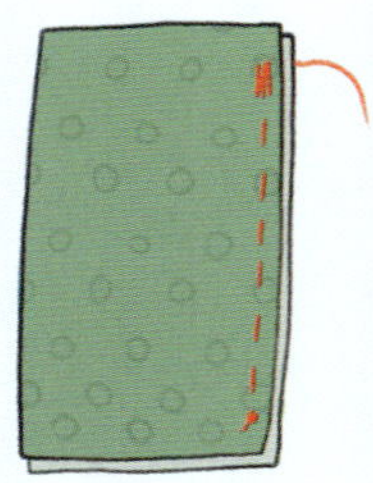

4 Nähe am Ende mehrere Stiche auf einer Stelle. So kann die Naht nicht aufgehen.

EIERWÄRMER

FÜR WILDE HÜHNER

MATERIAL

• Filz für das Huhn, 1 mm stark, 20 cm x 30 cm • Filz für Flügel und Schwanzfedern, 1 mm stark, 6 cm x 20 cm • Filz für die Krone, 1 mm stark, 4 cm x 5 cm • Filz für den Schnabel, 1 mm stark, 5 cm x 5 cm • Filz in Weiß, 1 mm stark, 3 cm x 6 cm • Filz in Schwarz, 1 mm stark, 2 cm x 4 cm • farblich passendes Nähgarn • UHU Alleskleber

Vorlagenbogen B

AUSSCHNEIDEN

Filz für das Huhn
2x das Huhn
2x den Augenkranz

Filz für die Krone
1x die Krone

Filz für Flügel und Schwanzfedern
2x die Flügel
1x die Schwanzfedern

Filz für den Schnabel
1x den Schnabel

Filz in Weiß
2x den Augenkreis

Filz in Schwarz
2x die Pupille

NÄHEN

1. Lege die Huhn-Teile spiegelverkehrt nebeneinander. Klebe jeweils den Augenkranz, die Augenkreise und die Pupillen auf. Stecke die Flüge fest und nähe sie entlang der vorderen Rundung knappkantig auf.

2. Falte den Schnabel mittig. Lege die Huhn-Teile aufeinander. Schiebe Schnabel, Krone und Schwanzfeder zwischen die beiden Huhn-Teile und stecke sie fest. Nähe das Huhn an den Seiten und oben knappkantig zusammen. Die Unterseite bleibt offen.

ANHÄNGER

FLIEG, SÜSSE BIENE!

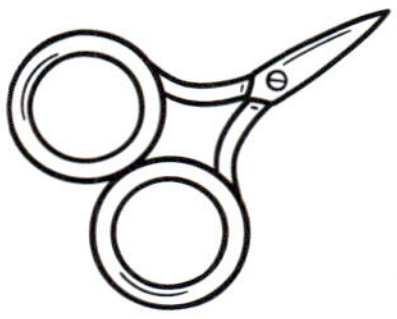

MATERIAL

• Filz in Gelb, 1 mm stark, 14 cm x 16 cm • Filz in Schwarz, 1 mm stark, 5 cm x 10 cm • Filz in Weiß, 1 mm stark, 6 cm x 12 cm • Band, 5 mm breit, 30 cm lang • Kordel in Schwarz, ø 1 mm • Pompon in Rot, ø 5 mm • Füllwatte • farblich passendes Nähgarn • Stoffmalstift in Schwarz • UHU Klebstoff

Vorlagenbogen A

NÄHEN

1. Stecke die Streifen auf ein Bienen-Teil und nähe sie mit breiten Zickzackstichen fest.

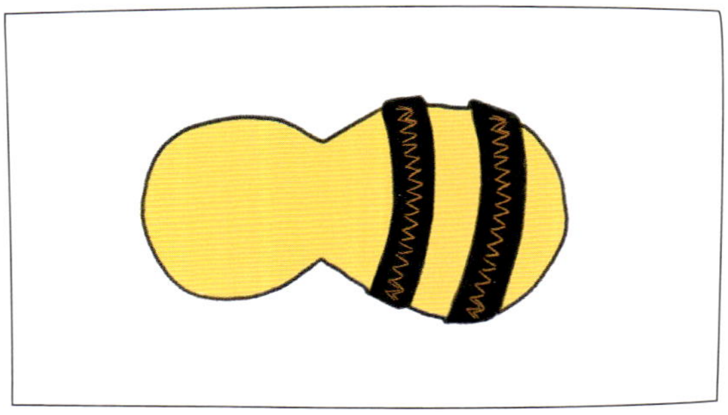

2. Lege die Flügel auf die Arbeitsfläche, darauf das zweite Bienen-Teil und darüber das gestreifte Bienen-Teil. Lege das Band für den Aufhänger und die schwarze dünne Kordel zur Schlaufe. Stecke den Aufhänger mit den losen Enden und die Kordel für die Fühler mit den Enden nach außen zwischen die Filzlagen. Nähe alles rundum zusammen. Lass unten eine Öffnung. Fülle Watte ein.

3. Schiebe den Stachel im Bereich der Öffnung zwischen die Filzlagen. Nähe die Öffnung knappkantig mit der Nähmaschine zu.

4. Klebe den Pompon als Nase an und male das Gesicht mit dem Stoffmalstift auf.

AUSSCHNEIDEN

Filz in Gelb
2x die Biene

Filz in Weiß
1x die Flügel

Filz in Schwarz
1x den oberen Streifen
1x den unteren Streifen
1x den Stachel

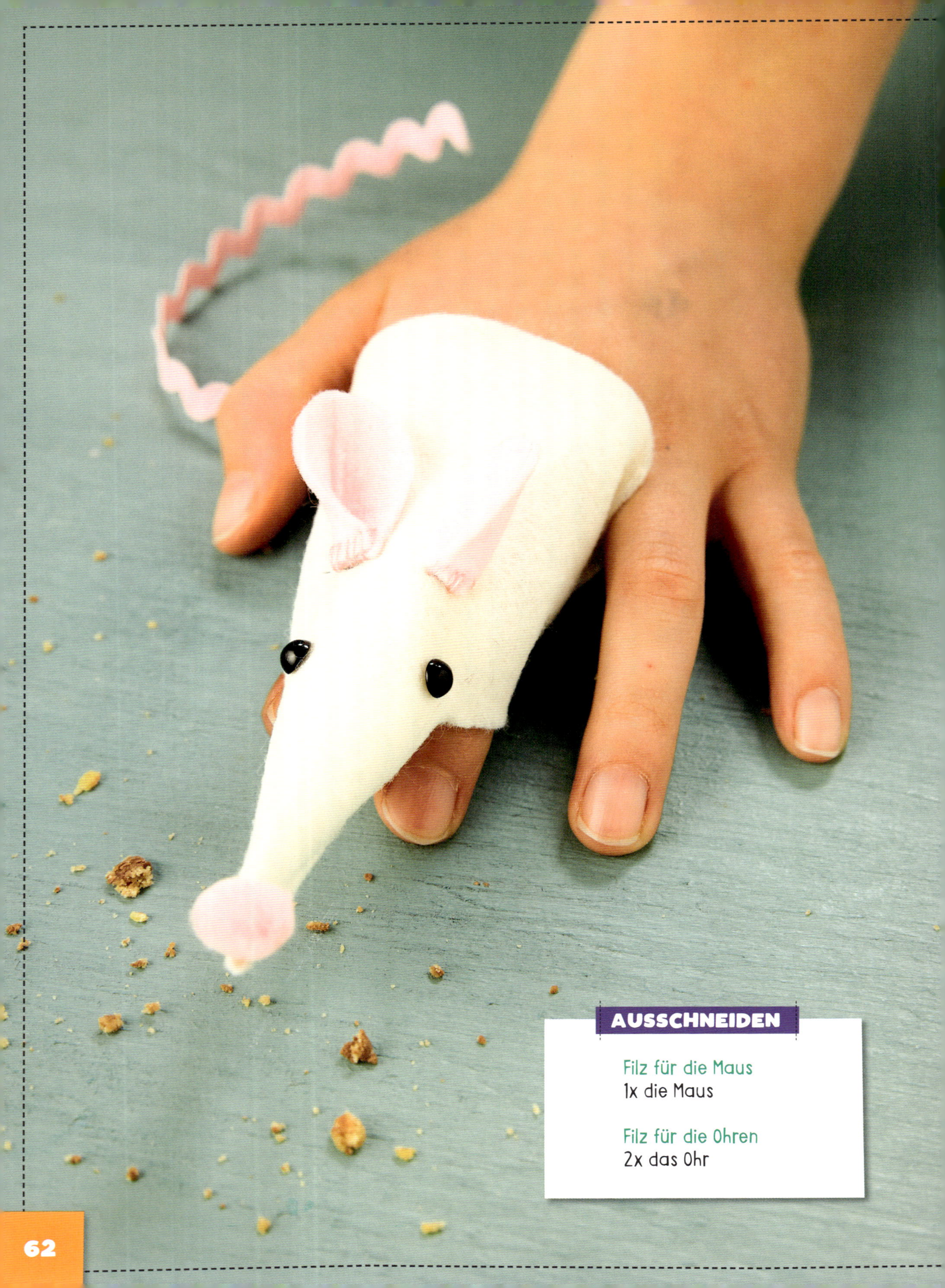

AUSSCHNEIDEN

Filz für die Maus
1x die Maus

Filz für die Ohren
2x das Ohr

FINGERMAUS

FÜRS PUPPENTHEATER

MATERIAL

• Filz für die Maus, 1 mm stark, 15 cm x 15 cm • Filz für die Ohren, 1 mm stark, 4 cm x 6 cm • 2 Plastikhalbperlen in Schwarz, ø 4–6 mm • 1 Mini-Pompor, ø 5 mm • Zackenlitze, 1 cm breit, 15 cm lang • farblich passendes Nähgarn • UHU Alleskleber

Vorlagenbogen B

NÄHEN

1. Falte die beiden Ohren mittig und nähe sie mit Spannstichen an das Maus-Teil. Schneide mit der Schere die Öffnungen für die Finger ein. Schiebe das Band für das Schwänzchen unter den Filz und nähe mehrmals quer vor und zurück darüber.

2. Falte die Maus mittig: die Ohren sind außen, das Schwänzchen ist innen. Nähe die geraden unteren Kanten knappkantig zusammen. Klebe Pompon und Augen auf. Du kannst die Augen auch mit einem Stoffmalstift aufmalen.

SPANNSTICHE

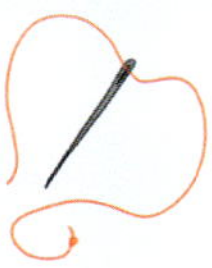

1 Fädle einen Faden in eine Handnähnadel. Lass ein Fadenende länger und verknote es am Ende.

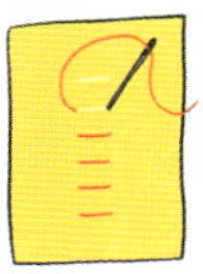

2 Stich von unten nach oben durch den Filz. Und anschließend zurück nach unten. Fahre so fort.

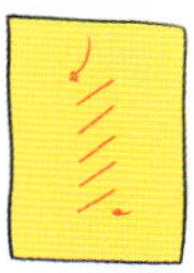

3 Verknote den Faden auf der Unterseite.

AUSSCHNEIDEN

Filz für die Tasche
2x die Tasche
4x den Henkel

Filz für den Stern
1x den Stern

HENKELTASCHE

MIT GROSSEM STERN

MATERIAL

• Filz für die Tasche, 1 mm stark, 50 cm x 60 cm • Filz für den Stern, 1 mm stark, 20 cm x 20 cm • Vliesofix, 20 cm x 20 cm • farblich passendes Nähgarn

Vorlagenbogen A und B

NÄHEN

1 Stecke jeweils zwei Henkel aufeinander und nähe sie an den beiden Längskanten knappkantig zusammen.

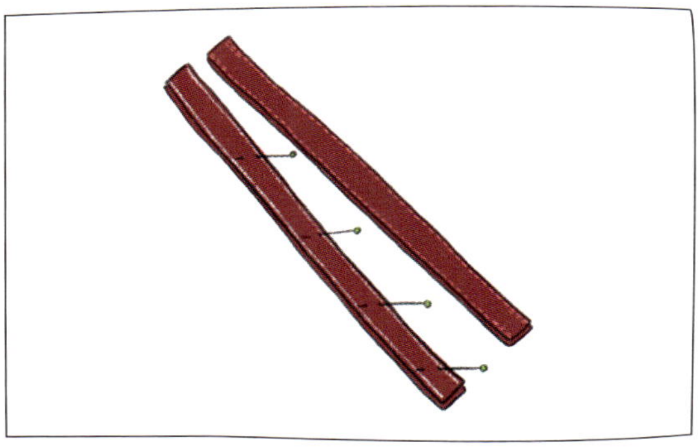

APPLIZIEREN

Beim Applizieren nähst du ein Motiv aus Filz auf ein zweites Filzstück auf.

2 Schlage die oberen Kanten der Taschen-Teile an der Faltlinie um und stecke die Henkel auf. Nähe die Umschläge knappkantig an, dabei nähst du die Henkel mit fest. Nähe die Henkel auch an der oberen Taschenkante fest.

3 Bereite den Stern als Applikation vor (siehe Seite 66) und lass ihn von einem Erwachsenen mittig auf die Vorderseite eines Taschen-Teils bügeln. Dabei ein Baumwolltuch unterlegen, damit der Filz nicht zu heiß wird.

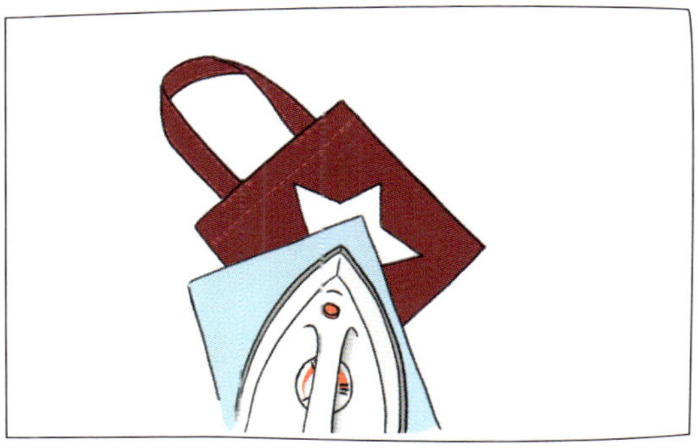

TIPP

Vliesofix ist ein beidseitig klebendes Vlies. Mit ihm kannst du ein Filzmotiv auf einem zweiten Filzstück aufbügeln. Wenn du kein Vliesofix zum Applizieren hast, kannst du den Stern auch sehr ordentlich mit mehreren Stecknadeln feststecken, bevor du ihn aufnähst.

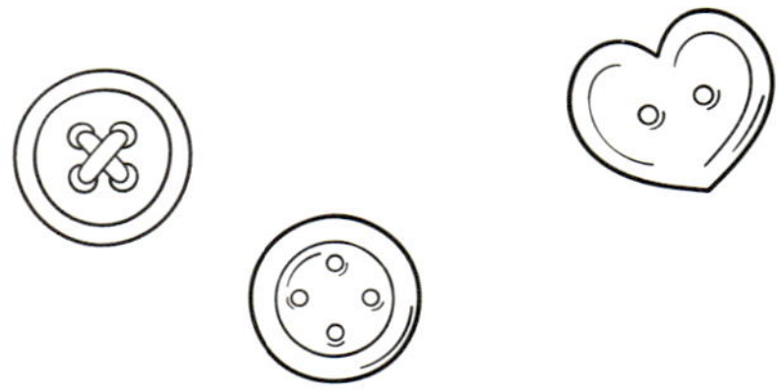

4 Nähe den Stern rundum knappkantig fest.

5 Stecke die Taschen-Teile aufeinander, der Stern liegt innen, die Umschläge und Henkel außen. Nähe die Tasche an den Seiten und am Boden zusammen. Schneide zum Schluss die Nahtzugaben an den genähten Ecken schräg ab. Wende die Tasche.

APPLIKATION VORBEREITEN

1 Übertrage die Vorlage (den Stern) mit Bleistift auf die Papierseite des Vliesofix. Bitte einen Erwachsenen, das Vliesofix nach Herstelleranleitung auf die linke Seite des Filzes zu bügeln.

2 Schneide das Motiv aus. Zieh zum Schluss das Papier von der Filzrückseite ab.

NADEL-MÄPPCHEN

HÄLT NADELN IMMER GRIFFBEREIT

MATERIAL

• Filz für die Außenseite, 1 mm stark, 15 cm x 15 cm • Filz für die Innenseite, 1 mm stark, 15 cm x 15 cm • Filz für das Nadelkissen, 1 mm stark, 7 cm x 7 cm • Gummikordel, ø 1 mm, 10 cm lang • 1 Ösenknopf, ø 1 cm • Füllwatte • farblich passendes Nähgarn

Vorlagenbogen B

AUSSCHNEIDEN

Filz für die Außenseite
1x das Nadel-Mäppchen

Filz für die Innenseite
1x das Nadel-Mäppchen

Filz für das Nadelkissen
1x das Kissen

NÄHEN

1. Stecke das Kissen-Teil mittig auf das innere Mäppchen-Teil und nähe es an drei Seiten knappkantig auf. Fülle das Kissen-Teil mit etwas Watte.

2. Nähe die vierte Kante des Kissen-Teils knappkantig auf dem Mäppchen-Teil fest.

3 Stecke das Mäppchen-Teil mit Kissen auf das andere Mäppchen-Teil. Lege die Gummikordel zur Schlaufe, verknote die Enden und schiebe das Knotenende zwischen die Filzlagen. Nähe die Mäppchen-Teile rundum füßchenbreit zusammen.

4 Nähe den Ösenknopf auf der gegenüberliegenden Seite der Schlaufe auf die Außenseite des Nadel-Mäppchens.

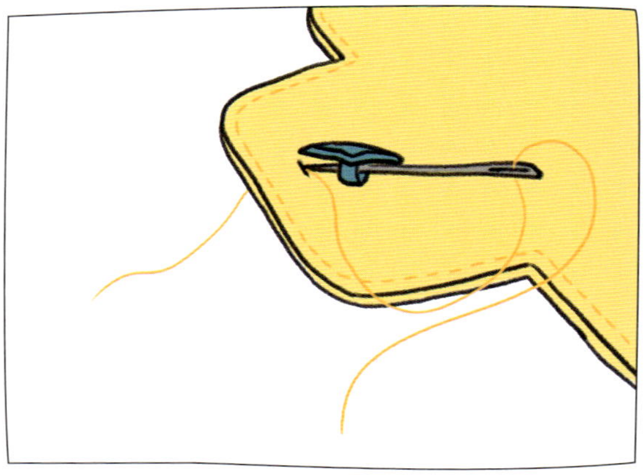

ÖSENKNOPF ANNÄHEN

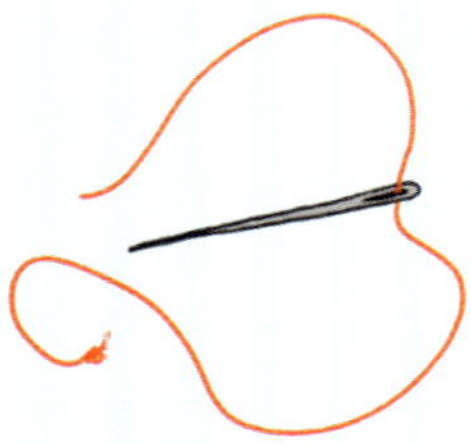

1 Fädle einen Faden in eine Handnähnadel und lass ein Fadenende länger.

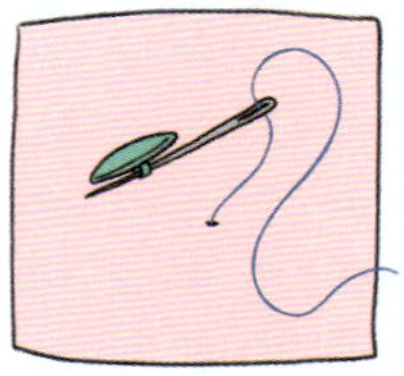

2 Stich von unten durch den Filz und fädle die Nadel durch die Öse unter dem Knopf. Lass ein Stück Faden auf der Filzunterseite hängen.

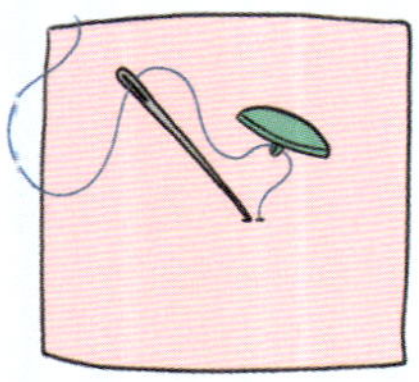

3 Stich direkt neben der Stelle, wo du ausgestochen hast, wieder in den Filz ein und schiebe die Nadel durch den Filz nach unten.

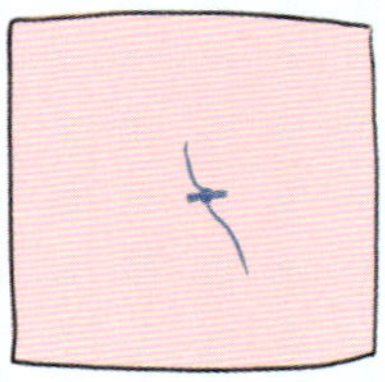

4 Wiederhole Schritt 1 und 2 noch einige Male. Zum Schluss verknotest du beide Fadenenden auf der Unterseite.

Ice

DOSE MIT DECKEL

FÜR SCHMUCK UND ANDERE SCHÄTZE

MATERIAL

• Filz für den Deckel, 2 mm stark, 25 cm x 25 cm • Filz für die Dose, 2 mm stark, 20 cm x 20 cm • Holzkugel mit Loch, ø 1–1,5 cm • farblich passendes Nähgarn • Sticktwist • spitze Sticknadel

Vorlagenbogen B

AUSSCHNEIDEN

Filz für die Dose
1x die Dose

Filz für den Deckel
1x den Deckel

NÄHEN

1. Falte am Dosen-Teil zwei Kanten einer Innenecke aufeinander. Stecke die Kanten mit Nadeln fest und nähe sie knappkantig zusammen.

2. Falte die Kanten der restlichen drei Innenecken genauso aufeinander und nähe sie jeweils zusammen.

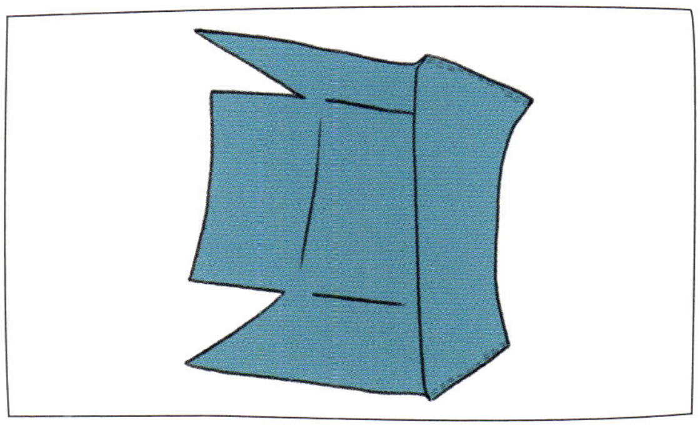

3. Arbeite den Deckel wie die Dose in Schritt 1 und 2 beschrieben. Zum Schluss nähst du die Perle mittig auf den Deckel.

PERLE ANNÄHEN

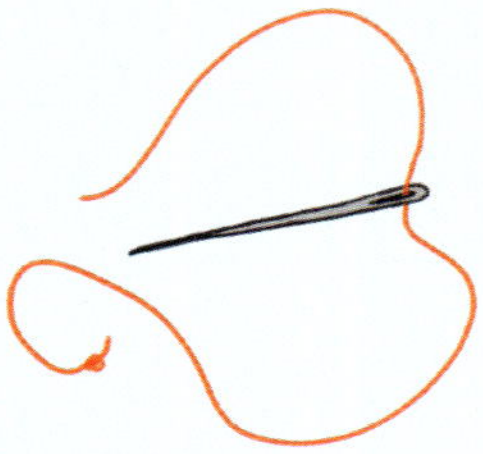

1 Fädle einen Faden in eine Handnähnadel und lass ein Fadenende länger.

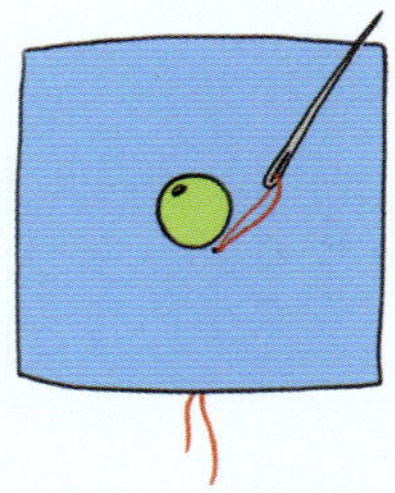

2 Stich von unten durch den Filz und fädle die Perle auf der Oberseite auf die Nadel. Lass ein Stück Faden auf der Filzunterseite hängen.

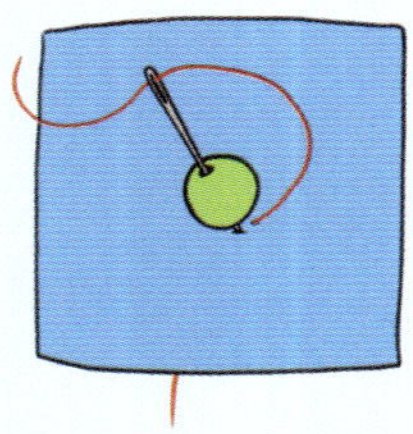

3 Stich direkt neben der Stelle, wo du ausgestochen hast, in den Filz und schiebe die Nadel nach unten.

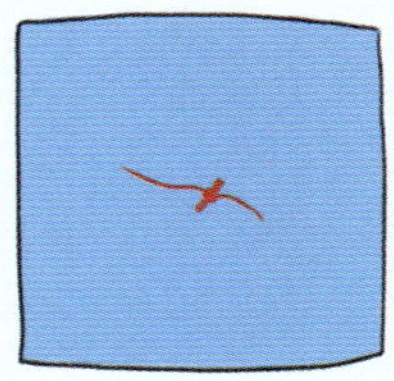

4 Wiederhole Schritt 1 und 2 noch einige Male. Zum Schluss verknotest du beide Fadenenden auf der Unterseite.

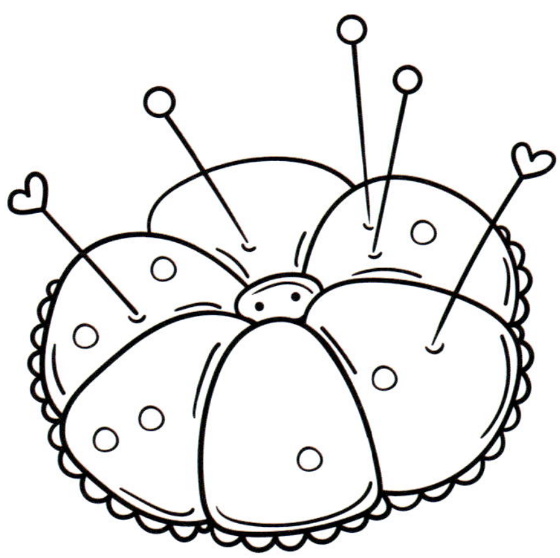

#TOPPPROJEKT

Die eigene Kreativität zeigen: TOPPprojekt mit anderen Kreativen teilen und Teil der Gemeinschaft werden.

DIY-begeistert und auf Instagram? Dann unbedingt mitmachen! Hier gibt's Tipps und Feedback zu den eigenen Projekten. Außerdem verlosen wir jeden Monat ein Überraschungspaket. Um am Gewinnspiel teilzunehmen, einfach ein Bild vom Kreativ-Projekt aus unseren Büchern mit #TOPPprojekt posten und unserem Account @frechverlag folgen. Mehr Infos auf TOPP-kreativ.de/TOPPprojekt

Website
Auf TOPP-kreativ.de kannst du ein riesiges Angebot von über 1.000 Kreativbüchern, Sets & mehr entdecken.

Newsletter
Gleich anmelden unter: TOPP-kreativ.de/newsletter und immer als Erstes von unseren Neuheiten und Sonderaktionen erfahren.

Instagram
@frechverlag

Pinterest
pinterest.com/frechverlag

Facebook
facebook.com/frechverlag

DigiBib
Hier findest du zusätzlich zu vielen unserer Bücher digitale Extras, wie Video-Tutorials, Plotter-Dateien, Vorlagen, Übungsblätter & vieles mehr. Einfach im Impressum deines TOPP-Buchs den Freischalte-Code nachschlagen und exklusive Inhalte freischalten. TOPP-kreativ.de/digibib

Youtube
youtube.com/frechverlag

Buchempfehlungen und tolle Bastelsets für dich

ISBN 978-3-7724-7737-9

ISBN 978-3-7724-4358-9

ISBN 978-3-7724-4367-1

ISBN 978-3-7724-4017-5

ISBN 978-3-7358-9029-0

ISBN 978-3-7358-9005-4

ISBN 978-3-7724-8184-0

ISBN 978-3-7724-4217-9

ISBN 978-3-7724-4237-7

ISBN 978-3-7724-4450-0

ISBN 978-3-7724-7798-0

ISBN 973-3-7358-9030-6

ISBN 978-3-7724-8440-7

ISBN 978-3-7724-4451-7

ISBN 978-3-7724-4449-4

ISBN 978-3-7724-4893-5

ISBN 978-3-7724-4612-2

ISBN 978-3-7724-4471-5

Kreativ-Bücher findest du auf www.TOPP-kreativ.de

DIE AUTORIN

Schon im Alter von fünf Jahren hat Ina Andresen ihre erste Nähmaschine erhalten. Dieses Modell, das noch per Hand angetrieben wurde, hatte ihr Vater aus England mitgebracht. So nähte sie bereits in ganz jungen Jahren und machte gerne alles selbst. Das ist bis heute so geblieben. Ina Andresen hat in Hamburg Modedesign studiert und lebt mit ihrer Familie im Schwarzwald.

Vielen Dank an die Firmen Rico Design, Rayher und Butinette für die freundliche Unterstützung mit Materialien. Lieben Dank an meine treuen Nähkursteilnehmer*innen, durch die ich viel Erfahrung im Nähen mit Kindern bekommen habe! Herzlichen Dank an Meike Teichmann für die tolle Zusammenarbeit und die zuckersüß gestalteten Illustrationen. Eine tolle kreative Leistung.

IMPRESSUM

FOTOS: frechverlag GmbH, 70839 Gerlingen; lichtpunkt, Michael Ruder, Stuttgart
SCHRITTBILDER: Meike Teichmann
TEXT UND ANLEITUNGEN: Ina Andresen
PRODUKTMANAGEMENT: Nicole Schmeißer und Cora Friedrich
LEKTORAT: Christine Schlitt
LAYOUT & GRAFIK: FSM Premedia GmbH & Co. KG
HERSTELLUNG: Katrin Röhlig
COVER: Eva Hook
DRUCK UND BINDUNG: DZS Grafik, Slowenien

Dein Download

Den Schnittmusterbogen kannst du dir nach erfolgter Registrierung unter **www.topp-kreativ.de/digibib** downloaden ausdrucken.
Lass dir dabei von einem Erwachsenen helfen.

Der Freischaltcode lautet: 59296

1. Auflage 2022

ISBN 978-3-7358-9031-3 · Best.-Nr. 29031

MIX
Papier aus verantwortungsvollen Quellen
FSC® C106600

Penguin Random House Verlagsgruppe
FSC® N001967

Resteliebe Tapeten

Alles verwenden. Nichts verschwenden.

Helene Kilb

Resteliebe

TAPETEN

Alles verwenden.
Nichts verschwenden.

DIE SCHÖNSTEN IDEEN AUS TAPETENRESTEN

CV

Inhalt

Leuchtende Ideen

Dekoratives für Wände

Verschenken und Verpacken

Vorwort

Die Idee zu diesem Buch kam mir, nachdem ich mit meinem Mann unseren hässlichen Kellerabgang verschönert hatte. Leider hatten wir eine groß gemusterte Tapete gewählt, was zusätzlich zu den Schrägen über den Treppenstufen das Arbeiten recht schwierig machte. Schließlich muss jede Bahn so neben die andere geklebt werden, dass das Muster weiterläuft. Am Ende blieben uns ziemlich viele Reste – teils, weil wir uns vermessen hatten, teils wegen des weiterlaufenden Musters.

Uns war klar, dass es vielen Tapeziererinnen und Tapezierern ähnlich geht. Und tatsächlich: Als Erstes brachte unsere Nachbarin eine angefangene Rolle, viele weitere fand ich im Internet bei diversen Kleinanzeigen-Portalen.

Je mehr Projekte ich mit Tapete umsetzte, desto begeisterter war ich von dem Material: Es ist unglaublich vielfältig. Tapete lässt sich so leicht verarbeiten wie Papier, ist aber ähnlich widerstandsfähig wie Stoff. So lassen sich Tapeten nicht nur gut falten, kleben und schneiden, sondern auch nähen oder zum Beziehen von Holzrahmen nutzen.

Dazu kommt natürlich die immense Bandbreite an Mustern, Texturen und Farben! Für die meisten Projekte habe ich zwar Vliestapeten verwendet, weil die meisten Reste von Vliestapeten stammten. Unter meinen Funden war aber auch eine Tapete, deren Beschaffenheit an Tonpapier erinnerte, und eine mit fast schon schaumartiger Oberfläche.

Das Schöne am Basteln mit Tapeten: Alle hier gezeigten Projekte lassen sich ganz nach Geschmack gestalten – denn wie das Ergebnis später aussieht, hängt viel mit dem Material zusammen. Wichtig war es mir auch, die Ideen in diesem Buch variabel zu halten und zum Beispiel keine festen Größen anzugeben. Die meisten Ideen kann man so im Wunschmaß umsetzen.

Bei den Projekten in diesem Buch gibt es einige Werkzeuge, die vorausgesetzt werden und nicht mit den Materialien angegeben werden: Schere, (Blei)stift, Metermaß, Lineal.

Kleine Tapetenkunde

Tapete ist nicht gleich Tapete – und das betrifft nicht nur die Optik. Auch hinsichtlich des Materials gibt es einige Unterschiede. Die meisten Tapetenarten bestehen aus zwei Schichten, die Basis bildet ein Trägermaterial.

Papiertapeten
Papiertapeten sind komplett aus Papier gefertigt und bestehen meist aus einer Träger- und einer Dekorschicht. Diese kann mit den verschiedensten Motiven bedruckt sein, selbst eine geprägte Oberfläche ist möglich. Wer die Tapete mit Kleister befestigen will, muss sich an das klassische Vorgehen mit Weichzeit halten. Je dicker die Papiertapete, desto stabiler ist sie auch – das erweist sich beim Basteln oft als Vorteil.

Textiltapeten
Bei Textiltapeten besteht die Trägerfläche aus Papier oder Vlies, die Dekorschicht aus einem anderen Material, etwa Seide, Baumwolle oder Leinen. Oft orientiert sich die Bezeichnung der Tapetenart am jeweiligen Dekormaterial, sodass die verschiedenen Arten zum Beispiel Stofftapete, Seidentapete, Leinentapete oder Baumwolltapete heißen – dennoch sind es alles Textiltapeten.

Metalltapeten
Mit ihrer glänzenden Oberfläche zählen Metalltapeten zu den besonderen Hinguckern unter den Tapetenarten. Sie bestehen aus einem Trägermaterial, auf dem eine dünne Metallfolie liegt. Doch Achtung: Die Metallfolie ist leitfähig. Für DIY-Projekte, die mit Strom zu tun haben oder für Feuchträume gedacht sind, sind sie also nicht geeignet. Alternativ gibt es aber Tapeten, die lediglich eine Metall-Optik besitzen, also glänzende Vlies- oder Vinyltapeten. Gegen sie ist nichts einzuwenden.

Naturtapeten
Naturtapeten spielen – wie der Name es schon andeutet – mit der Vielfalt natürlicher Materialien. So gibt es Modelle, bei denen Sand, Bast, Holzfasern, Kork, Sisalfasern oder Bambus mit dem Trägermaterial verbunden sind. So bezaubern Naturtapeten mit einer außergewöhnlichen Optik und fühlbaren Strukturen.

Vinyltapeten
Besonders robust sind Vinyltapeten. Das liegt daran, dass sie eine Oberfläche aus Kunststoff haben – daher sind sie oft auch unter Bezeichnungen wie Kunststofftapete, Lacktapete oder Schaumtapete zu finden. Viele Modelle sind komplett wasserdicht. Damit sind sie die beste Wahl für DIY-Projekte, die ab und an ein paar Wasserspritzer abbekommen könnten oder auch einmal abgewischt werden sollen.

Vliestapeten
Eine Vliestapete besteht aus Zellstoff und Textilfasern, was sie widerstandsfähiger als ihre Papier-Verwandte macht. Zudem ist sie formstabil: Um sie aufzukleben, ist keine Weichzeit nötig. Der Kleister kann direkt auf den Untergrund aufgetragen werden. Mit Feuchtigkeit kommt diese Tapetenart recht gut klar, sodass sie sich auch für Basteleien eignet, die später in Bad oder Küche zum Einsatz kommen.

Papiertapete

Textiltapete

Metalltapete

Naturtapete

Vinyltapete

Vliestapete

Tapeten-Infos

WO GIBT ES TAPETENRESTE?

Wer gerade selbst eine Wand oder ein Zimmer verschönert hat, braucht meist nicht die komplette Tapete auf – entsprechend bleiben wohl in den allermeisten Fällen kleine oder sogar große Reste. Wenn das nicht der Fall ist, lohnt es sich, im Familien- und Freundeskreis oder in der Nachbarschaft herumzufragen. Irgendjemand hat sicherlich immer ein paar Rollen im Keller oder auf dem Dachboden herumstehen. Ergibt sich auf diesem Weg nichts, erweist sich wie so oft das Internet als wahre Fundgrube.

Gerade Kleinanzeigen-Gruppen und -Portale sind dabei eine gute Anlaufstelle. Als besonders ergiebig haben sich für mich Shpock, Ebay-Kleinanzeigen und das Kleiderportal Vinted erwiesen. Oft fanden sich dort nicht nur kleine Reste, sondern fast komplette oder sogar noch originalverpackte Rollen.

WELCHE WERKZEUGE BRAUCHT MAN ZUM BEARBEITEN?

Um Tapeten sauber zu schneiden, sind ein Lineal und ein Cutter mit möglichst frischer Klinge nützlich. Noch einfacher und meist exakter ist eine Schneidemaschine. Wenn es ums Kleben geht, gibt es nicht die eine richtige Sorte Kleber – vermutlich, weil Tapete ursprünglich dafür gedacht ist, sie an großen glatten Flächen zu befestigen. Beim Basteln kommt sie aber auch auf kleinen Flächen, an Kanten und Rändern zum Einsatz.

Bei den meisten Projekten empfiehlt sich eine Kombination aus zwei Kleber-Sorten: etwa aus Bastelkleber oder Kleister für größere Flächen und doppelseitigem Klebeband, damit die Tapete auch am Rand und einer Kante hält. An kleinen oder schmalen Klebeverbindungen funktioniert Heißkleber am besten. Daneben dient er in manchen Projekten dazu, um das Ende einer Sichtnaht möglichst unauffällig zu fixieren.

Tapete lässt sich gut nähen – und so braucht es bei einigen Ideen in diesem Buch eine Nähmaschine oder zumindest Nadel und Faden. Oft hat sich zudem ein Vorstecher als hilfreich erwiesen, wie er etwa beim Buchbinden oder beim Nähen zum Einsatz kommt. Zum Bespannen eines Gegenstands eignen sich ein Hand- oder ein Elektrotacker, wobei es sich mit Letzterem deutlich angenehmer arbeiten lässt.

Zum Fixieren sind Buchklammern praktisch. Wer keine hat, kann aber auch gut mit einfachen Wäscheklammern arbeiten.

2 3 4 5 6 7 8 9 10 11 12 13 14 15 16
126 127 128

Tipps zum Bearbeiten

TAPETE GLÄTTEN

Da Tapete in Rollen gelagert wird, runden sich meist auch einzelne Stücke. Zum Basteln kann das unpraktisch sein. Um ein Tapetenstück zu glätten, legt man es mit der Vorderseite nach unten hin und breitet ein sauberes Baumwolltuch darüber. Dann mit dem Bügeleisen bei niedriger Hitze darüberfahren, bis die Tapete glatt ist.

WEICHZEIT ODER NICHT?

Bei Resten ist meist nicht klar ersichtlich, um welche Tapetenart es sich handelt. Bei Projekten, bei denen gekleistert wird, ist das aber wichtig: Manche Tapeten dehnen sich beim Einkleistern aus und schlagen unschöne Falten, wenn sie direkt auf den Untergrund geklebt werden. Um das zu verhindern, ist eine Weichzeit sinnvoll, also einige Minuten, in denen der Kleister in die Tapete einzieht.

Um herauszufinden, ob die vorliegende Tapete eine Weichzeit braucht, am Ende der Rolle einen etwa einen Zentimeter breiten Streifen abschneiden und für einige Minuten in ein Wasserbad legen. Den nassen Streifen an die Rolle halten und schauen, ob er länger geworden ist oder nicht. Hat er sich ausgedehnt, eine Weichzeit einplanen und die Tapete erst danach weiterverarbeiten.

TAPETE NÄHEN

Gerade Vlies- und Vinyltapeten lassen sich gut nähen. In den meisten Fällen haben die Projekte Sichtnähte: Das liegt daran, dass sich Tapete nicht wie Stoff ohne Reißgefahr wenden lässt, außer wenn die Wendeöffnung wirklich groß ist.

Manchmal dient eine Sichtnaht auch dekorativen Zwecken. Wo es nicht auffällt, kann der Faden am Anfang und Ende wie gewohnt vernäht werden. Andernfalls die Naht mit einem Tropfen Heißkleber verschließen, damit sie nicht aufgeht.

Wer keine Nähmaschine hat, kann bei vielen Projekten alternativ mit der Heißklebepistole arbeiten und anstelle einer Naht eine Klebelinie setzen.

FALTEN UND FALZEN

Da Tapete meist etwas „störrischer" ist als normales Papier, bleibt sie beim Falten nicht immer liegen wie gewünscht. Da hilft oft falzen: Um die Tapete vorzubereiten, legt man sie am besten auf einen etwas nachgiebigen Untergrund – ideal ist eine Korkplatte. Die zu falzenden Linien mit einem Kugelschreiber mit leer geschriebener Miene oder einem weichen Bleistift mit abgerundeter Spitze nachfahren. Dabei etwas fester aufdrücken, sodass eine kleine Vertiefung entsteht – allerdings aufpassen, dass die Tapete nicht reißt. Umschlagen und die entstandene Kante gegebenenfalls zusätzlich mit einem Falzbein nachfahren.

Alte Möbel in neuem Stil

WELCHE MÖBELTEILE LASSEN SICH MIT TAPETEN VERSCHÖNERN?

An manchen Möbelstücken sieht man sich mit der Zeit satt. Tapeten sind eine tolle Möglichkeit, um ihnen einen neuen Look zu verpassen. Gestalten lassen sich alle senkrechten glatten Flächen wie Schranktüren, Schubladenfronten oder Seitenteile. Wer ein Möbelstück als Raumteiler verwenden will, kann dessen Rückwand mit Tapete versehen. Bei offenen Möbeln wie Regalen oder Vitrinen macht sich die Tapete auch innen auf der Rückwand gut.

Auch waagerechte Flächen lassen sich gut bekleben, so zum Beispiel die Oberseite einer Kommode, eines niedrigen Regals oder eines Deko-Hockers. Weniger geeignet sind stark beanspruchte Flächen wie die Platte eines Esstischs. Dagegen ist es kein Problem, Schrank-Einlegeböden oder Schubladen-Innenseiten mit Tapete zu beziehen.

Für die Glas-Fronten eines Möbelstücks bietet es sich an, die Tapete nicht flächig zu nutzen, sondern etwa Ornamente oder Streifen daraus auszuschneiden und von vorne aufs Glas zu kleben – so ergeben sich spannende Effekte.

WIE BEKLEBT MAN UNTERGRÜNDE?

Holz

Im Prinzip eignet sich jeder Untergrund, um ihn mit Tapete zu bekleben. Allerdings braucht es bei verschiedenen Materialien zum Teil unterschiedliche Vorbereitung, Techniken und Klebstoffe. Wenn es sich um Holzmöbel handelt, sollte der Untergrund nicht versiegelt sein. Es empfiehlt sich, das Holz vorab etwas anzuschleifen und damit aufzurauen, mit einem feuchten Lappen zu säubern und trocknen zu lassen.

Anschließend kommt es darauf an, ob die jeweilige Tapete eine Weichzeit braucht. Wenn das der Fall ist, muss sie vorab mit Kleister bestrichen werden. Während der Kleister einwirkt, dehnt sich die Tapete aus – erst dann darf sie auf das Möbel.

Metall, Kunststoff und Glas

Bei nicht saugfähigen Oberflächen wie Kunststofffurnier oder Metall funktioniert Kleister nicht. Die einfachste Möglichkeit ist es, stattdessen auf doppelseitiges Klebeband zurückzugreifen. Bei sehr großen Flächen oder solchen, an denen sich der Rand der Tapete einschlagen lässt, ist auch ein Tacker hilfreich. So lassen sich zum Beispiel die Rückseite eines Schranks oder Einlegeböden gut bespannen. Wer sich bei einer Front fürs Tackern entscheidet, kann die Tackernadeln mit einem dekorativen Band kaschieren.

Für kleine Deko-Elemente auf Glas ist sogenannter „Art Potch" geeignet, ein spezieller transparent auftrocknender Kleber, der normalerweise für die Serviettentechnik genutzt wird. Dafür die Rückseite des Motivs mit dem Kleber einpinseln und dieses von vorne auf das Glas kleben.

WEITERE IDEEN FÜR DAS MÖBELUPCYCLING

Im Streifenlook

Wer Reste von zwei verschiedenen Tapeten hat, kann seinem Möbelstück einen Streifenlook verpassen. Das funktioniert so: Den Umriss der jeweiligen Fläche auf beide Tapeten übertragen, jeweils ausschneiden und die beiden Stücke übereinanderlegen. Mit Wäscheklammern fixieren und in 2,5 Zentimeter breite Streifen schneiden – dann immer abwechselnd einen Streifen von der ersten und einen von der zweiten Tapete nehmen und aufkleben.

Um mehrere gleich große Schubladen zu bekleben, eine Schublade kopfüber auf die Tapeten stellen und die Umrisse aufzeichnen. Die Streifen, die aus zwei Tapetenstücken entstehen, reichen für zwei Schubladen: Dabei immer abwechselnd einen Streifen von der ersten und einen von der zweiten Tapete nehmen und auf die Schublade kleben. Die nächste Schublade erhält dann das umgekehrte Muster.

Leibniz Cakes Fabrik

Ornamente

Einfarbige Tapeten laden dazu ein, sie mit Ornamenten, kleinen Motiven oder Sprüchen zu verzieren. Dafür das Tapetenstück erst zuschneiden, dann eine Schablone auflegen und die umliegenden Seiten mit Zeitungspapier abdecken. Das Muster mit Sprühfarbe oder Wandfarbe einfärben. Die Schablone vorsichtig herunternehmen, um die Farbe nicht zu verwischen. Gut trocknen lassen und die Tapete erst danach ans Möbelstück kleben.

Ein Hinweis: Bei stark beanspruchten Stellen, wie um einen Schranktüren- oder Schubladengriff herum, kann es sein, dass sich das Muster nach einiger Zeit etwas „abnutzt".

Farbe, Zierleisten und neue Knäufe

Wer eine Rundum-Erneuerung für sein Möbelstück wünscht, hat außer Tapeten noch andere Möglichkeiten der Gestaltung: Holzmöbel zum Beispiel lassen sich in der Wunschfarbe anstreichen, die noch freien Flächen danach tapezieren.

Für eine vollkommen frische Optik sorgen zudem neue Beschläge oder Knäufe – diese gibt es von modern bis nostalgisch. Holz- oder Styroporstuck setzen Akzente: Breitere Ornamentleisten machen sich etwa als Einfassung eines offenen Regals gut. Mit schmalen Leisten lassen sich sogenannte Kassettentüren gestalten, also Schranktüren, bei denen vier Leisten einen dekorativen Rahmen bilden – das Innere kann mit einem Stück Tapete beklebt werden. Um die Zierleisten anzubringen, eignet sich ein spezieller Styropor- oder Montagekleber.

Praktisches für daheim und unterwegs

Opulentes Möbel

MATERIAL:
2 GLEICH GROSSE HOLZPLATTEN, BOHRER, SCHRAUBEN, 4 MÖBELFÜSSE, KANTHÖLZER, HOLZLATTEN, TAPETE, HAND- ODER ELEKTROTACKER, 4 STUHLWINKEL, DURCHSICHTIGES PAKETKLEBEBAND, 8 FLACHWINKEL, 4 SCHARNIERE

MANCHMAL IST ES GAR NICHT SO LEICHT, EIN MÖBELSTÜCK NACH SEINEM GESCHMACK ZU FINDEN – WARUM ALSO NICHT SELBST EINES BAUEN? SO LÄDT ETWA DIESES PROJEKT DAZU EIN, ZUM DESIGNER ODER ZUR DESIGNERIN ZU WERDEN: DENN DAS MUSTER, DIE MÖBELFÜSSE, DIE GRIFFE UND SOGAR DIE GRÖSSE SIND VARIABEL.

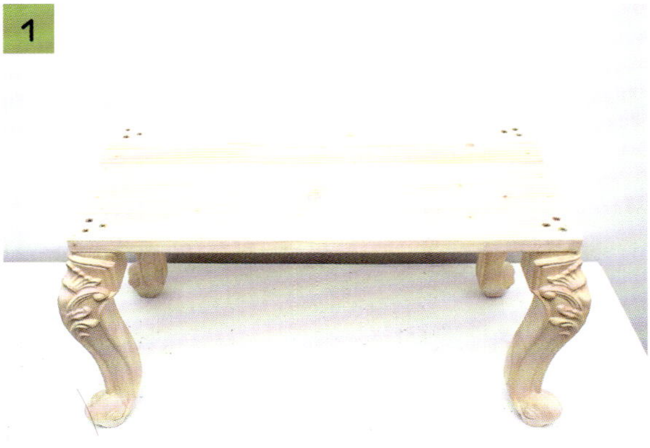

1. In eine der beiden Holzplatten (25 cm x 50 cm x 2 cm) je drei Löcher pro Ecke bohren. Die Möbelfüße festschrauben. Zusätzlich an den kurzen Seiten der Platte je zwei Löcher bohren.

2. Aus Kanthölzern (3 cm x 3,5 cm) die Seitenteile bauen. Dabei beachten, dass sie nicht die komplette Tiefe des Möbels haben dürfen, da noch die Türen davor Platz finden müssen. Die Seitenteile bestehen aus zwei langen Kantholzstücken (80 cm) und zwei kurzen (15 cm). An den Enden der langen Stücke je ein Loch bohren und dazwischen die kurzen mit je einer Schraube befestigen.

3. Die Seitenteile an jeweils einer kurzen Seite mit zwei Löchern versehen.

4. Mit Tapete bespannen: Ein Stück Tapete von der Bahn abschneiden, das einige Zentimeter länger als die Höhe der Seitenteile ist. Das erste Seitenteil so hinlegen, dass die Seite mit den Löchern nach oben zeigt. Wenn es eine Motivtapete ist, darauf achten, dass die Tapete richtig herum liegt. Rechts an der langen Seite anlegen und festtackern. Oben und unten um die kurzen Seiten legen und festtackern, an der vierten Seite die Tapete noch nicht befestigen. Beim anderen Seitenteil genauso, nur spiegelverkehrt, verfahren.

Fortsetzung auf der nächsten Seite

5
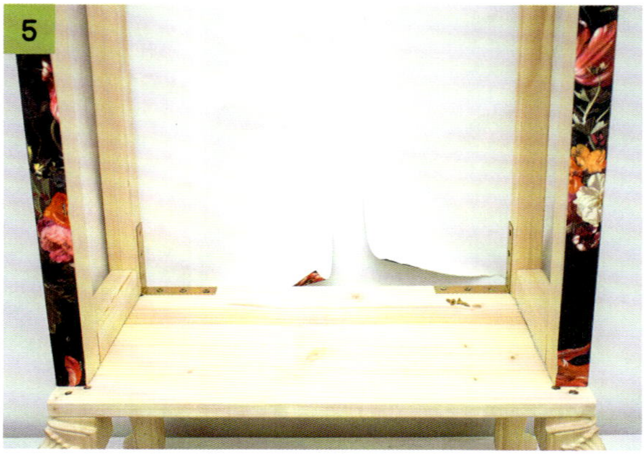

7

6

8

5. Die beiden Seitenteile rechts, links und hinten bündig auf das Fußteil der Kommode stellen und durch die vorgebohrten Löcher von unten festschrauben. Zusätzlich zwei Stuhlwinkel anbringen.

6. Die zweite Holzplatte oben auflegen und von unten festschrauben. In den hinteren beiden Ecken Stuhlwinkel anschrauben und dabei bereits die oben überstehende Tapete mit befestigen. Die lose Tapete oben in der Mitte festtackern.

7. An der Kommodenrückseite die Tapete unten etwas einschlagen, spannen und am unteren Rand festtackern. Im Kommodeninneren die überlappende Tapete mit Paketklebeband zusammenkleben.

8. Für die Türen Latten (2,5 x 4,5 cm) zurechtlegen und mit Flachwinkeln zu zwei Rahmen zusammenbauen. Die nebeneinandergelegten Türen sollten zusammengerechnet etwas weniger breit sein als die Kommode, die Türen etwas kürzer als die Seitenteile, damit sie sich gut zwischen die beiden Holzplatten einfügen.

EIN TIPP:
THEORETISCH LÄSST SICH DIE KOMMODE IN BELIEBIGER GRÖSSE BAUEN – AB EINER HÖHE VON ETWA 1,50 M IST ES JEDOCH RATSAM, EIN STÜTZKREUZ EINZUBAUEN, DAMIT DAS MÖBEL SICH NICHT VERZIEHT. DIE HIER GEZEIGTE KOMMODE IST 109 CM HOCH, 50 CM BREIT UND 25 CM TIEF.

9

9. Die Türen von vorne mit Tapete bespannen: Am besten an einer Längsseite beginnen, dann die Tapete von der gegenüberliegenden Seite festziehen und antackern. Zuletzt die Tapete an den beiden kurzen Seiten festtackern.

10

10. Die Türen mit Scharnieren befestigen.

Schatzkiste

MATERIAL:
CUTTERMESSER, PAPPE, NASSKLEBEBAND, GRAUPAPPE, TAPETE, FLÜSSIGKLEBER, KLEISTER, DOPPELSEITIGES KLEBEBAND, BOHRER, HÄNGEGRIFF, ZWEI SECHSKANT-SCHRAUBEN

OB ERINNERUNGSSTÜCKE, VOLLGESCHRIEBENE NOTIZBÜCHER ODER ALTE LIEBESBRIEFE – DIE KISTE NIMMT SICH ALLER DINGE AN UND VERWAHRT SIE SICHER. BESONDERS PRAKTISCH: IHRE MASSE LASSEN SICH INDIVIDUELL FESTLEGEN.

1. Die Höhe, Breite und Tiefe der Kiste festlegen. Aus Pappe – etwa von einem leeren Versandkarton – den Boden und die Seitenteile ausschneiden. Die Teile kreuzförmig anordnen und mit Klebeband verbinden. Dabei zwischen Boden und Seitenteilen immer einige Millimeter Platz lassen, sodass sich das jeweilige Seitenteil später gut hochklappen lässt.

2. Alle Seitenteile hochklappen und die senkrechten Kanten außen mit Klebeband verbinden. Ein Stück Graupappe in der Größe der Vorderseite zurechtschneiden und von innen mit Flüssigkleber dahinter kleben, um sie zu verstärken.

3. Die Kiste mit Tapete bekleben. Dafür möglichst dickflüssigen Kleister anrühren, einen breiten Streifen Tapete abschneiden und diesen ausgehend von der Vorderseite mit Kleister ankleben. Den oberen Rand in der Kisteninnenseite mit doppelseitigem Klebeband versehen und die Tapete nach innen einschlagen. Die Kiste umdrehen und die überstehende Tapete mit doppelseitigem Klebeband am Boden befestigen. Die Kiste wieder richtig herum hinstellen und vorsichtig zwei Löcher in die Vorderseite bohren.

4. Den Hängegriff anschrauben. Für den Deckel genauso verfahren wie bei der Kiste – um die Fläche des Deckels zu bestimmen, die Fläche des Bodens nehmen und rundum einen halben Zentimeter dazu addieren.

Wie kleidsam!

MATERIAL:
HOLZKLEIDERBÜGEL, SCHLEIFPAPIER, TAPETENKLEISTER, PINSEL, TAPETE, SCHERE, CUTTERMESSER

TAG FÜR TAG SORGT ER DAFÜR, DASS JACKEN, BLUSEN UND KLEIDER IN FORM BLEIBEN. NUN IST DER ZUVERLÄSSIGE HELFER EINMAL SELBST AN DER REIHE UND BEKOMMT EIN NEUES OUTFIT. WER MAG, BEKLEBT GLEICH MEHRERE KLEIDERBÜGEL UND LÄSST SO DIE GARDEROBE IN NEUEM GLANZ ERSTRAHLEN.

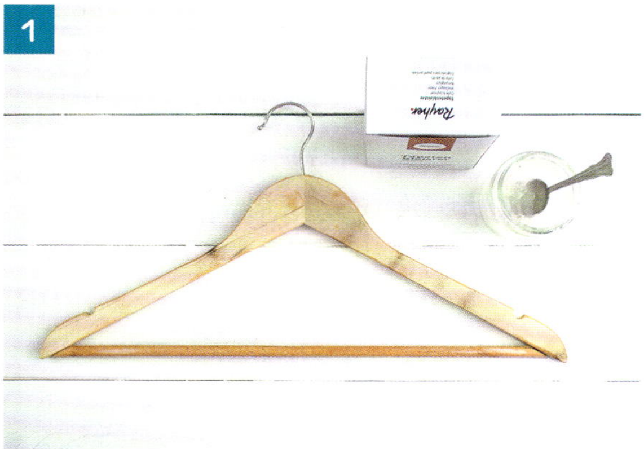

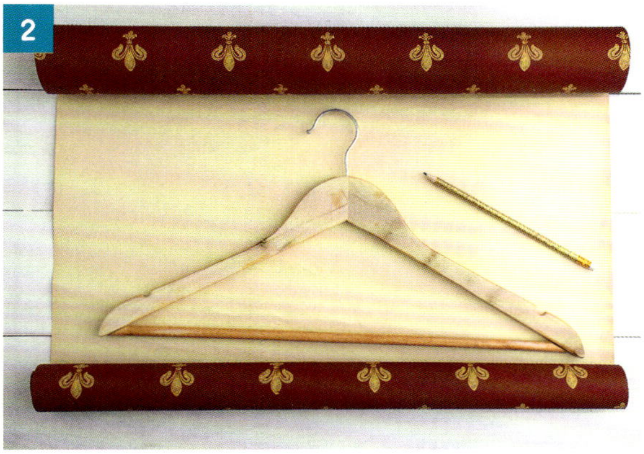

1. Den Kleiderbügel gründlich abschleifen und den Schleifstaub abwischen. Kleister anrühren.

2. Den Bügel auf die Tapete legen und die Umrisse übertragen. Zwei solcher Umrisse aufzeichnen, um den Kleiderbügel später von vorne und von hinten zu bekleben.

3. Die aufgezeichneten Formen ausschneiden und damit den Kleiderbügel von beiden Seiten bekleben. Alles gut durchtrocknen lassen.

4. Die überstehende Tapete an den Rändern abschneiden. Das geht gut mit einer kleinen Schere oder einem sehr scharfen Cuttermesser, mit dem man vorsichtig an den Konturen entlangfährt.

Barockes Schmuckstück

MATERIAL:
TAPETE, NÄHMASCHINE, GRAUPAPPE, BASTELKLEBER, MAGNETVERSCHLUSS ZUM ANNÄHEN, NADEL, NÄHGARN, KLEINE QUASTE

EINE TASCHE, DIE KOMPLETT OHNE STOFF AUSKOMMT? BITTE SEHR! DIESES EXEMPLAR BESTEHT FAST AUSSCHLIESSLICH AUS TAPETENRESTEN, TARNT SICH ABER GEKONNT ALS EINE IHRER STOFF-VERWANDTEN. SO ERWEIST SIE SICH BEIM AUSGEHEN ALS TREUE BEGLEITERIN.

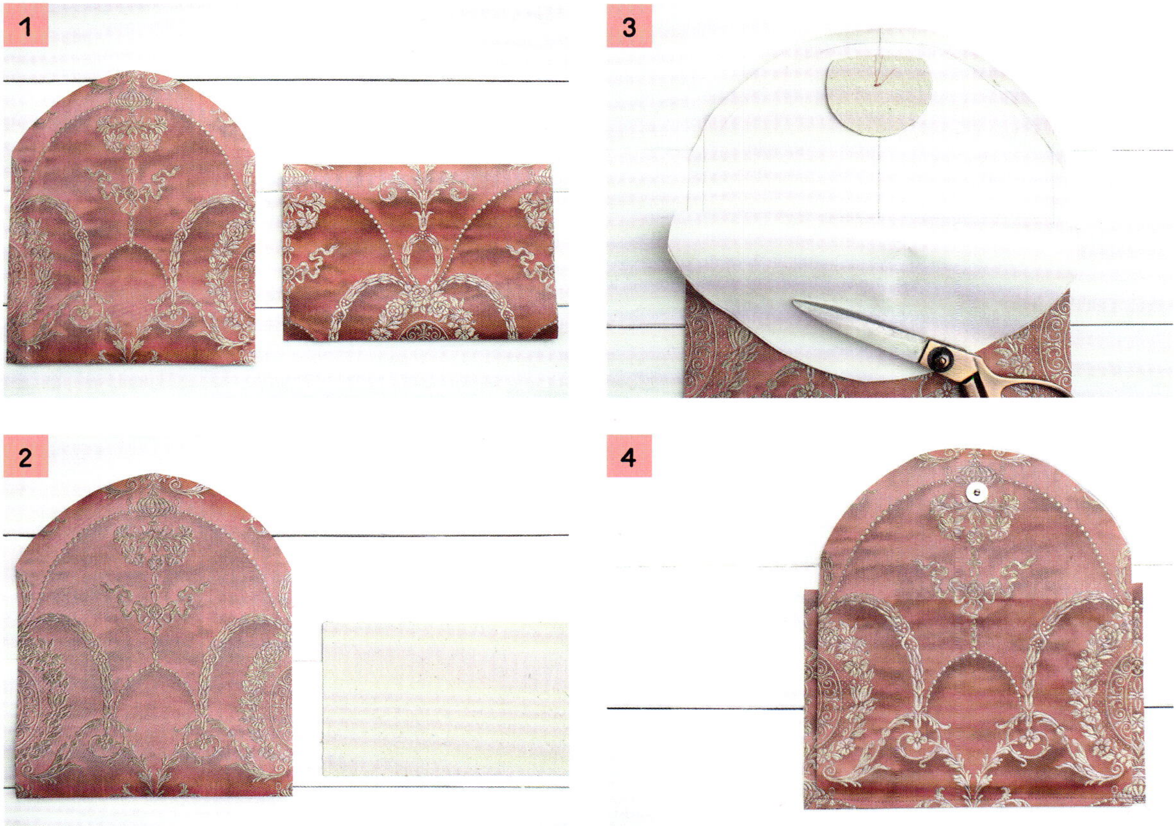

1. Auf die Rückseite der Tapete die Maße für die Tasche aufzeichnen. Dazu die gewünschten Maße für die fertige Tasche bestimmen: (hier 15 cm x 23 cm). Für das größere Tapetenstück zu der Höhe einen Zentimeter plus die Höhe für den runden Teil der Tasche dazu addieren (hier insgesamt 12 cm). Dann rundum einen Rand von 1 cm zugeben. Für das kleine Tapetenstück ebenfalls die gewünschten Maße aufzeichnen, zu drei Seiten je 1 cm zugeben und noch einmal rundum einen Rand von 1 cm. Jeweils zwei Ausführungen anfertigen. Die rechteckigen Teile ergeben die Vorderseite. Die Teile mit der Rundung bilden Rücken und Klappe der Tasche.

2. Ein Stück Pappe zurechtschneiden, das rundum 1 cm kleiner ist als das gewünschte Endmaß, (also 14 cm x 22 cm). Von innen auf eins der größeren Tapetenstücke kleben, wo sich später der Taschenrücken befindet.

3. An der gerundeten Seite ein weiteres Stück Pappe als Verstärkung anbringen. Auf die Vorderseite den dünneren Teil des Magnetverschlusses annähen – den Faden dabei durch Tapete und Pappe ziehen. Das zweite, zum ersten identische Tapetenstück darauf kleben, dabei rundum einen 1-cm-Rand kleberfrei lassen.

4. Die beiden rechteckigen Tapetenstücke Rücken an Rücken aufeinanderlegen. Den bereits bearbeiteten Teil der Tasche mit dem Magnetverschluss bündig darauflegen und unten zusammennähen.

Fortsetzung auf der nächsten Seite

5

7

6

8

5. Umschlagen, sodass der Rücken der Tasche auf der Arbeitsfläche liegt und die Vorderseite nach vorne zeigt. Die Schicht Tapete, die nun ganz oben liegt, von innen mit einem runden Stück Pappe verstärken und den anderen Teil des Magnetverschlusses annähen.

6. An den noch offenen Seiten rundum 1 cm Tapete nach innen einschlagen. Die beiden Tapetenschichten zusammenkleben. Die Seite oberhalb des Verschlusses zunähen.

7. Rundum, wo noch nicht geschehen, 1 cm einschlagen und alle offenen Seiten zunähen.

8. Zum Schluss eine kleine Quaste als Verzierung annähen.

COMPLETS

Gut getarnt

MATERIAL:
TAPETE, HEISSKLEBER, LOCHER, BAND

SO RICHTIG SCHÖN SIEHT ES NICHT AUS, WENN DAS HANDYLADEKABEL IRGENDWO HERUMLIEGT. MIT EINER TASCHENFÖRMIGEN STATION HAT DAS HANDY IMMER EINEN FESTEN PLATZ ZUM LADEN. DANACH VERSCHWINDET DAS KABEL ZUSAMMENGEROLLT IM INNEREN.

1

3

2

4

1. Aus Tapete zwei 27 cm breite Streifen zurechtschneiden: Der längere sollte 66 cm lang sein, der kürzere 44 cm lang. Beide längs so falten, dass auf einer Seite ein Rand von 1 cm übersteht. Diesen Rand nach innen klappen und mit Heißkleber festkleben.

2. Die Enden jeweils 4 cm einschlagen und festkleben.

3. Beide Streifen zusammenklappen und oben lochen.

4. Die kleinere der entstandenen „Taschen" in die größere legen, ein Band durch die Löcher ziehen und verknoten.

Ready to go out

MATERIAL:
TAPETE, NÄHMASCHINE,
GESCHENKBAND

MANCHMAL SIND DAS HANDY UND DER HAUSTÜRSCHLÜSSEL DIE EINZIGEN BEIDEN DINGE, DIE WIRKLICH MIT MÜSSEN. DOCH WOHIN DAMIT? EINE CHARMANTE LÖSUNG IST DIESER KLEINFORMATIGE BEGLEITER: HANDY EINSTECKEN, SCHLÜSSEL BEFESTIGEN, TASCHE UMHÄNGEN UND LOS GEHT'S!

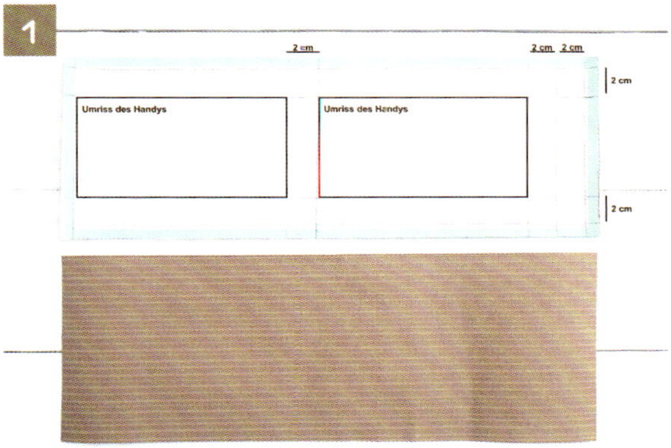

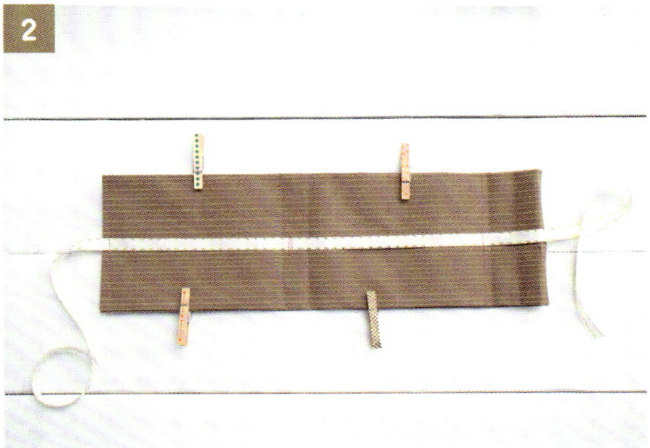

1. Aus Tapete zwei gleich große Streifen zuschneiden. Um das Maß zu bestimmen, zunächst Länge und Breite des Handys ausmessen. Die Länge doppelt nehmen und 8 cm dazu addieren. Zur Breite des Handys 6 cm dazu addieren. Auf der Rückseite rundherum einen 1cm breiten Rand markieren. Die übrigen Linien wie gezeigt einzeichnen.

2. Den 1-cm-Rand bei beiden Tapetenstreifen rundum nach innen falten. Auch die senkrecht verlaufenden Linien bereits falten und wieder auffalten, sodass sie auf der Vorderseite der Tapete zu sehen sind. Die Streifen mit den Rückseiten nach innen aufeinanderlegen. Ein Stück Geschenkband darauflegen. Alles mit Wäscheklammern fixieren und als Erstes die Seite zunähen, die links liegt. Das Geschenkband mit einigen Stichen rechts sowie in der Mitte festnähen – dort befindet sich später der Taschenboden.

3. Das Ganze zu einer Tasche zusammenfalten und an den Längsseiten zusammennähen.

4. Die noch offene Seite einmal umklappen, sodass sie einen Tunnel ergibt. Ein langes Stück Geschenkband einlegen und den Tunnel zunähen. Die beiden Enden des langen Bands miteinander verknoten.

Blickdicht

MATERIAL:
TAPETE, NÄHMASCHINE, VORSTECHER, BLUMENDRAHT, BINDEDRAHT (1,4 MM)

GERADE IN DER KÜCHE ODER IM BAD, WO VORHÄNGE EHER UNPRAKTISCH SIND, STELLT EIN PLISSEE EINE GUTE ALTERNATIVE DAR. SO SCHÜTZT ES VOR NEUGIERIGEN BLICKEN ODER ZU VIEL SONNE UND GIBT GLEICHZEITIG EINE WUNDERBARE FENSTERDEKORATION AB.

1

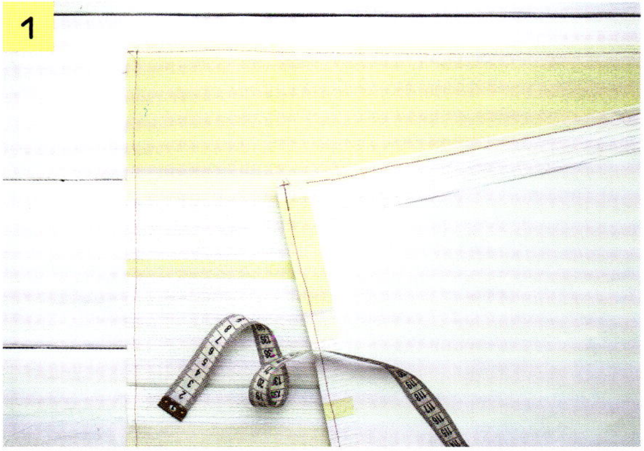

3

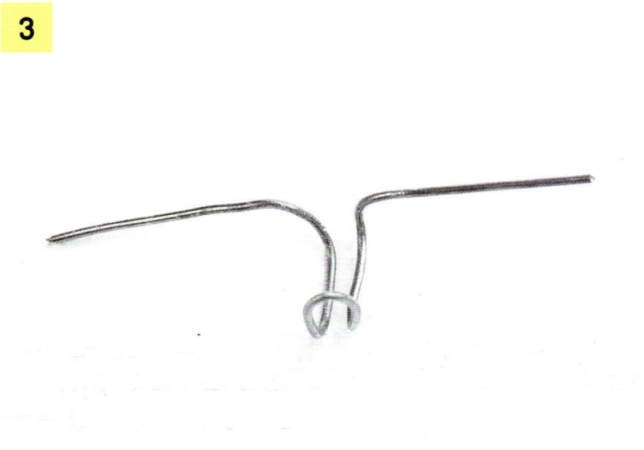

2

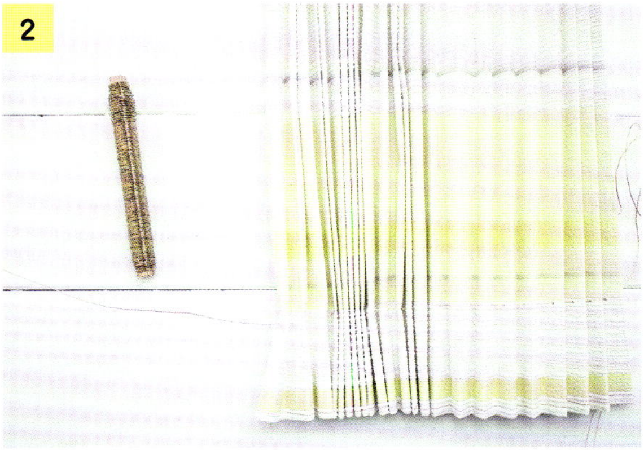

4

1. Einen Tapetenstreifen zurechtschneiden: Dafür das Maß des Fensters nehmen und rundum 3 cm dazugeben. Den zugegebenen Rand überall umschlagen und festnähen.

2. Den Streifen ziehharmonikaartig falten. Nun rechts und links einige Zentimeter von den beiden Rändern entfernt Löcher vorstechen. Blumendraht hindurchziehen und diesen etwa 10 cm länger lassen, als das Fenster mitsamt Rahmen hoch ist.

3. Aus Draht vier Klemmhalter anfertigen: Dafür jeweils ein 20 cm langes Stück Draht nehmen, die Mitte markieren und dort zu einer Rundung biegen. Die Rundung und die Drahtenden jeweils nach oben biegen – dazwischen entsteht eine gerade Seite. Die Drahtenden zu beiden Seiten nach außen biegen. Am Ende sollten sich die Klemmhalter eng um den Flügelrahmen legen lassen.

4. Die Klemmhalter am Fenster befestigen und das Rollo dazwischensetzen: Die unteren Blumendraht-Enden durch die Schlaufe der unteren Klemmhalter führen und verzwirbeln. Die oberen Enden durch die gegenüberliegenden Halter führen und den Draht fest spannen, dann befestigen.

Boxenstopp!

MATERIAL:
ZWEI GLEICH GROSSE TASCHENTUCHBOXEN, NASSKLEBEBAND, TAPETE, BASTELKLEBER, HEISSKLEBER

GEFRIERBEUTEL UND ANDERE KLEINE PLASTIKTÜTEN LASSEN SICH GUT MEHRFACH VERWENDEN. DAMIT DABEI KEIN TÜTENCHAOS ENTSTEHT, IST EINE SPENDERBOX PRAKTISCH: ORDENTLICH ZUSAMMENGEFALTET, NEHMEN DIE TÜTEN BIS ZU IHREM NÄCHSTEN EINSATZ KAUM PLATZ WEG.

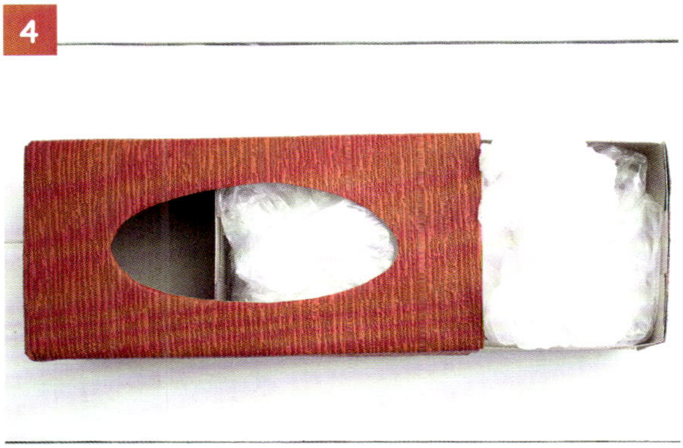

1. Bei einer der beiden Taschentuchboxen eine der schmalen Seiten abschneiden. Bei der zweiten den Deckel mit der Spende-Öffnung abschneiden und alle Verklebungen lösen.

2. Die Schachtel ein wenig verkleinern: längs hinlegen, rechts und links etwas zusammenschieben und vorne und hinten mit einem Streifen Klebeband fixieren.

3. Einen breiten Streifen Tapete abschneiden. Das abgeschnittene Pappstück mit der Öffnung kann als Schablone dienen: Dieses mittig auf den Tapetenstreifen legen, den ovalen Umriss übertragen und aus dem Streifen herausschneiden. Ausgehend von der Oberseite mit der Öffnung die komplette Box mit Tapete bekleben.

4. Die verkleinerte Schachtel mit Heißkleber vorne mit einem kleinen Stück Tapete bekleben. Zuletzt die Tüten zusammenfalten und hineinlegen, dann die Schachtel in die andere mit der Öffnung schieben.

Mustergültig

MATERIAL:
TAPETE MIT GROSSEN ORNAMENTEN, BUCHSCHUTZFOLIE, CUTTER

WER GERNE ALLES MÖGLICHE UMGESTALTET, KANN EINE SCHABLONE GUT GEBRAUCHEN: DAS DAMIT ÜBERTRAGENE MUSTER SCHMÜCKT ETWA MÖBEL, WÄNDE ODER STOFFE. AUS EINEM STÜCK ORNAMENT-TAPETE IST EINE SOLCHE SCHABLONE SCHNELL GEFERTIGT – DAS NÄCHSTE DIY-PROJEKT KANN ALSO KOMMEN!

1. Ein rechteckiges Stück Tapete zurechtschneiden und komplett mit Buchschutzfolie überziehen.

2. Mit einem Cutter die Ornamente herausschneiden – dabei darauf achten, dass die Stege nicht zu dünn werden. Um mit der fertigen Schablone zu arbeiten, entweder Sprühfarbe oder dickflüssige Farbe verwenden: Letztere vorsichtig von oben auftupfen, damit sie nicht unter die Schablone läuft.

Schutzbeauftragter

MATERIAL:
TAPETE, NÄHMASCHINE, SEIDENBAND, HEISSKLEBER

IM GARTEN, IM PARK ODER IM FREIBAD IN DER SONNE SITZEN UND LESEN: KANN ES ETWAS SCHÖNERES GEBEN? DAMIT DAS BUCH KEINE GRASFLECKEN ODER SCHMUTZRÄNDER BEKOMMT, IST EINE HÜLLE MIT LESEBAND NÜTZLICH – AM BESTEN AUS UNEMPFINDLICHER VLIES- ODER VINYLTAPETE.

1. Das Buch, für das die Hülle sein soll, auf ein Stück Tapete legen und den Umriss übertragen. Zur Breite noch 11 cm dazurechnen, zur Höhe 2 cm. Rechts und links einen Rand von je 5 cm einzeichnen.

2. Oben und unten einen etwa 1 cm breiten Rand einschlagen. Den unteren Rand mit einer Naht einfassen, dabei aber die eingezeichneten Ränder rechts und links offen lassen.

3. Den oberen Rand mit einer Naht versehen. Dabei in der Mitte ein Stück Seidenband unter den Rand schieben, nach oben führen und dann erst die Naht zu Ende nähen. Wie beim unteren Rand auch die markierten 5-cm-Ränder rechts und links offen lassen.

4. Die Seitenränder einschlagen und dort, wo die beiden Tapetenvorderseiten aufeinanderliegen, mit Heißkleber fixieren. Zuletzt das Buch in die Hülle schieben.

Allzeit bereit!

MATERIAL:
PAPPE, ZIRKEL ODER STIFT UND SCHNUR, KLEBEBAND, TAPETE, VORSTECHER, GROSSE NADEL, BINDFADEN

DAS KORB-MULTITALENT STEHT IM NÄHZIMMER FÜR STOFFRESTE BEREIT, IM KINDERZIMMER FÜR SPIELZEUG ODER AM ARBEITSPLATZ FÜR DEN PAPIERMÜLL. BEIM BASTELN LASSEN SICH NICHT NUR TAPETENRESTE VERWENDEN, SONDERN AUCH DIE PAPPE VON VERSANDKARTONS, VERPACKUNGEN ODER ÄHNLICHEM.

1

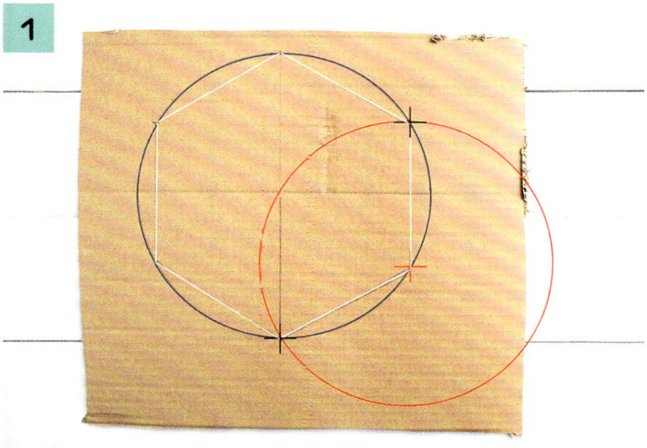

3

2

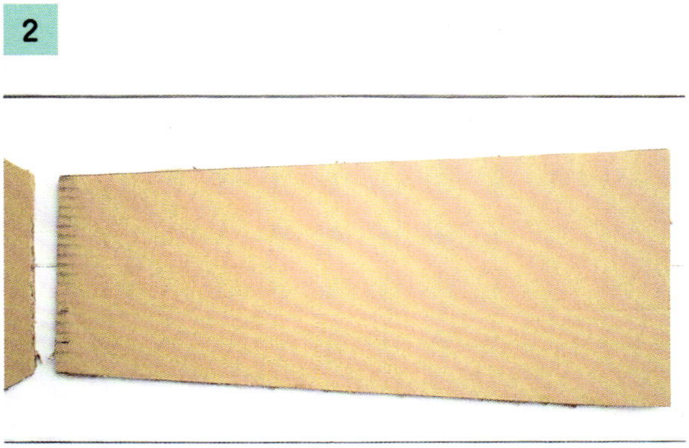

4

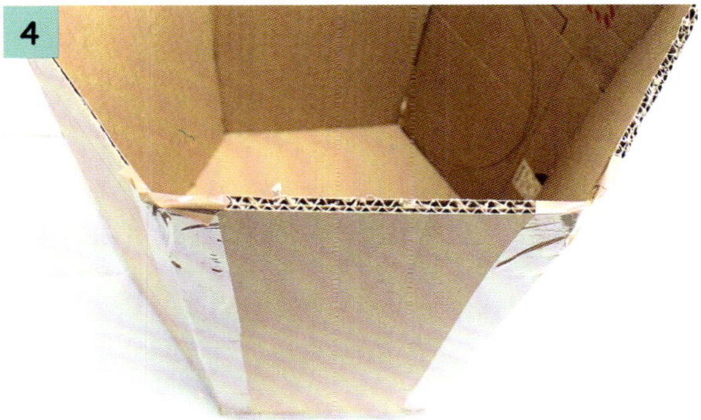

1. Für den Boden ein Sechseck aus Pappe zurechtschneiden. Um es zu konstruieren, mit dem Zirkel oder einem Stift an einem Stück Schnur einen Kreis aufzeichnen (in Blau eingezeichnet). Einen beliebigen Punkt auf der Kreislinie nehmen und einen Kreis mit dem gleichen Radius wie dem ersten zeichnen (Punkt und Kreis in Rot). Dort, wo der neue Kreis den ersten schneidet, zwei Punkte einzeichnen (in Schwarz). Diese dienen als Mittelpunkte für zwei weitere Kreise. Auf diese Weise weiter verfahren, bis sich auf der Kreislinie des ersten Kreises sechs Punkte befinden – diese dann zu einem Sechseck verbinden.

2. Sechs trapezförmige Seitenteile zurechtschneiden. Die Kante, die später oben liegt, sollte einige Zentimeter länger sein als die, die am Sechseck anliegt.

3. Die sechs Seitenteile mit einigen Millimetern Abstand kreisförmig um das Papp-Sechseck anordnen und mit Klebeband befestigen.

4. Die Seitenteile hochklappen und von außen mit Klebeband verbinden.

Fortsetzung auf der nächsten Seite

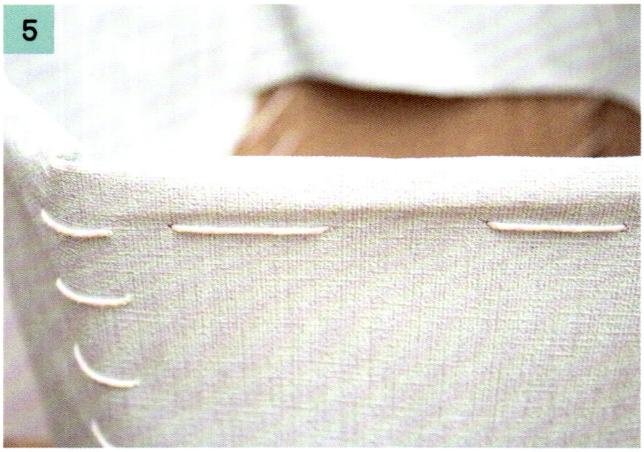

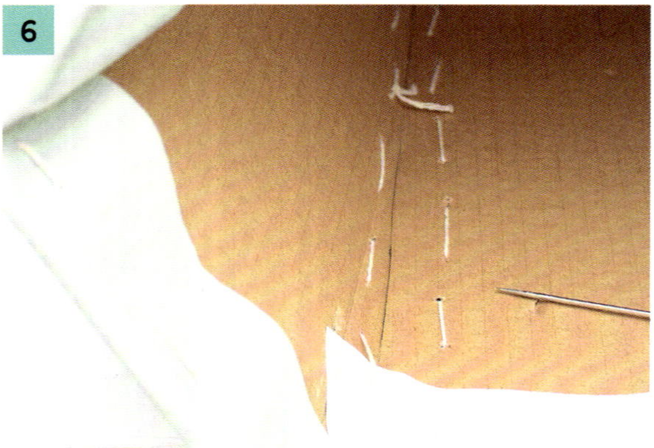

5. Ein großes Stück Tapete um den Papp-Korb legen und nach innen einschlagen. An einem der oberen Ränder beginnen, die Tapete festzunähen: Mit einem Vorstecher in einem Abstand von etwa 3 cm Löcher durch Tapete und Pappe stechen, dann mit der Nadel den Bindfaden durchziehen. Anschließend die Tapete an den senkrechten Kanten annähen. Beim Nähen darauf achten, dass sich die Stiche außen am Korb immer um die Kanten zwischen zwei Korb-Seitenteilen herumlegen.

6. Innen bilden die Stiche zwei parallele Linien.

7. Auf diese Weise den kompletten Korb mit Tapete „benähen". Wenn die Tapete ausgeht, ein zweites Stück auflegen und überlappend befestigen.

8. Zuletzt den Korb umdrehen und mit einem separaten Faden die unten überstehende Tapete am Boden festnähen.

Rund um den Schreibtisch

Apollo

Ordnungshüter

MATERIAL:
2 CEREALIEN-VERPACKUNGEN, DOPPELSEITIGES KLEBEBAND, FLÜSSIGKLEBER, TAPETE, HEISSKLEBER

WICHTIGE UNTERLAGEN, EIN TASCHENKALENDER ODER BRIEFE VON DEN LIEBLINGSMENSCHEN: DER BRIEFHALTER PASST AUF, DASS AUF DEM SCHREIBTISCH NICHTS VERLOREN GEHT. ZWEI VERSCHIEDEN HOHE FÄCHER MACHEN ES LEICHT, DEN ÜBERBLICK ZU BEHALTEN.

1. Die Verpackungen oben schräg abschneiden, dabei eine etwas höher als die andere lassen.

2. Die Verpackungen mit doppelseitigem Klebeband zusammenkleben. Die Front der vorderen Verpackung mit Flüssigkleber bestreichen, die passend zugeschnittene Tapete mittig auflegen und andrücken.

3. Die Seiten mit Flüssigkleber bestreichen und die Tapete rundum andrücken. Oberhalb der beiden vorderen Kanten senkrecht einschneiden, die Tapete nach innen einschlagen und mit doppelseitigem Klebeband innen befestigen. Oberhalb der schrägen Kanten zwei waagerechte Schnitte setzen, die dabei entstandenen Dreiecke nach unten klappen. Die oben überstehende Tapete einschlagen und festkleben. Die unten überstehende Tapete an der Unterseite des Briefhalters festkleben. Ein rechteckiges Stück Tapete zurechtschneiden, um das Innere der vorderen Cerealien-Verpackung zu bekleben.

4. Ein weiteres Tapetenstück zurechtschneiden und damit die Rückseite des Briefhalters bekleben – an den Rändern am besten mit Heißkleber arbeiten, damit die Tapete hält. Die Tapete nach innen einschlagen und festkleben.

Poststation

MATERIAL:
KARIERTES PAPIER, TAPETE, NÄHMASCHINE, POSTERLEISTEN, KLEINE HOLZKLAMMERN, HEISSKLEBER, OPTIONAL: KORDEL

WIE WÄRE ES EINER MITTEILUNG AUF DIE GUTE ALTE ART? FÜR LEIDENSCHAFTLICHE BRIEFSCHREIBER HÄLT DAS WAND-UTENSILO ALLES GRIFFBEREIT: IN DEN TASCHEN STECKEN UMSCHLÄGE, KARTEN, BRIEFMARKEN UND INSPIRIERENDE BILDER. DAS DEKORATIVE TEIL NIMMT ABER AUCH ANDERE ACCESSOIRES AUF.

1

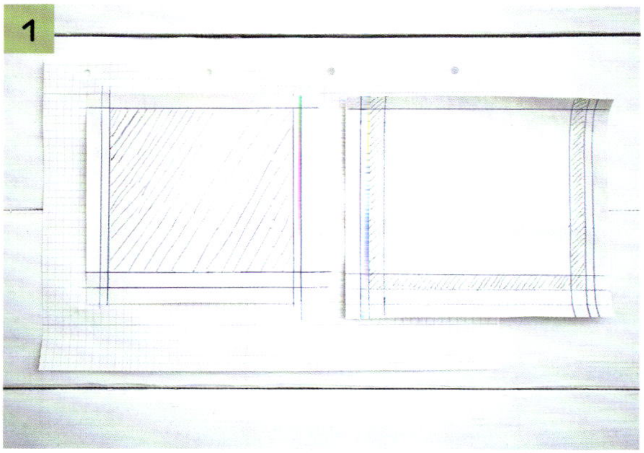

3

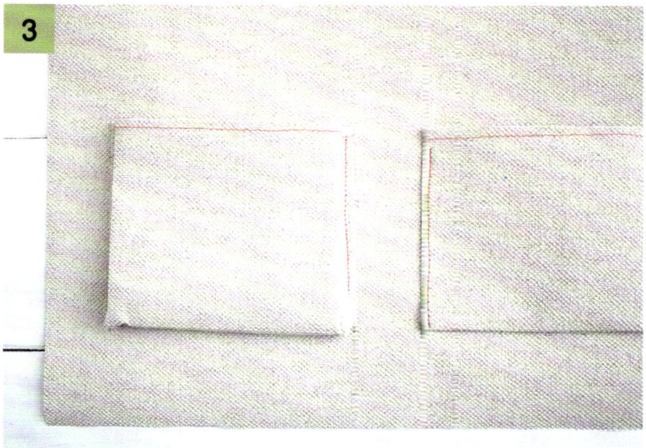

2

4

1. Als Erstes die Taschen vorbereiten. Als Hilfsmittel dient ein kariertes Papier, auf das die Tapetenstücke gelegt werden. Die Größe einer fertigen Tasche individuell festlegen. Für eine flache Tasche oben 1 cm, rechts und links 1,5 cm und unten 2 cm dazugeben. Für eine etwas tiefere Tasche rechts, links und unten noch 1 cm dazugeben.

2. Ein großes Stück Tapete zurechtschneiden. Bei jeder Tasche den oberen Rand 1 cm umklappen und zunähen. Unten 1 cm umklappen und die Taschen kopfunter an das große Tapetenstück nähen.

3. Die Taschen hochklappen und an den Seiten annähen.

4. Mit Heißkleber einige kleine Holzklammern ankleben. Wer mag, kann die Schnur in der Posterleiste durch eine glänzende Kordel ersetzen. Zuletzt die Tapete in die Posterleisten einspannen.

Erinnerungshelfer

MATERIAL:
BIRKENSPERRHOLZ (DIN-A4-GRÖSSE, 3 MM DICK), TAPETE, DICKES TRANSPARENTPAPIER, DRUCKER, WASHI-TAPE, HEISSKLEBER, BOHRER, MESSING-ÖSEN, KORDEL, BUCHKLEMME

FAMILIENMITGLIEDER, FREUNDE, KOLLEGEN, BEKANNTE: IM LAUF DES LEBENS LERNT MAN VIELE MENSCHEN KENNEN – MIT DENEN SICH WICHTIGE DATEN VERBINDEN. MITHILFE EINES KALENDERS GERÄT ABER KEIN JAHRESTAG, KEIN HOCHZEITSTAG ODER GEBURTSTAG IN VERGESSENHEIT.

1

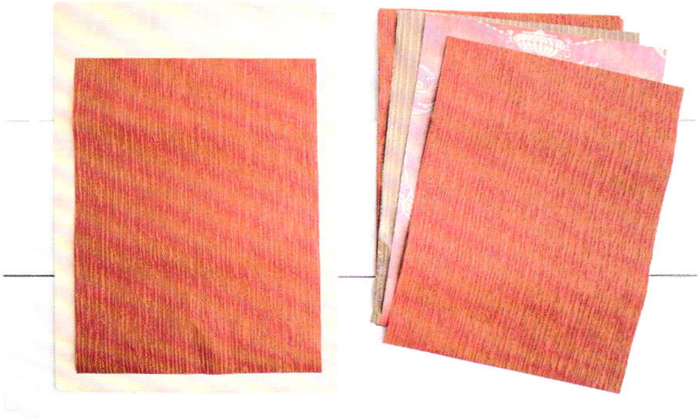

3

2

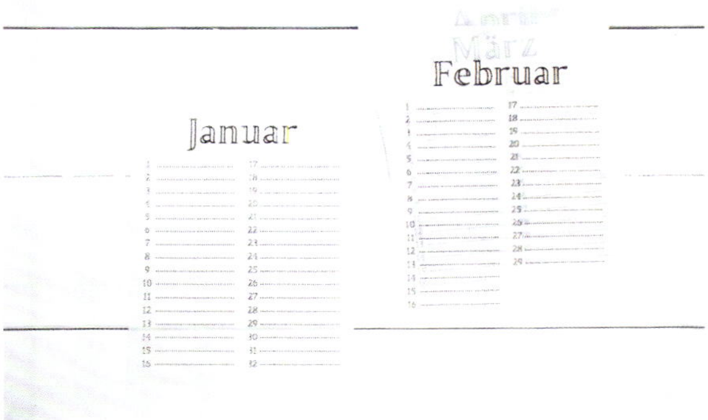

4

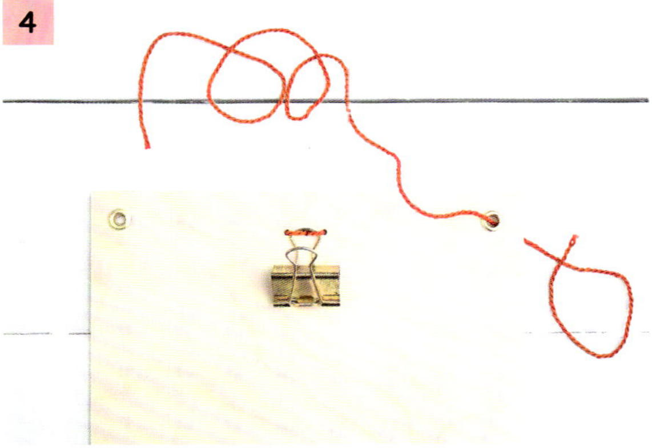

1. Für jeden Monat ein Stück Tapete zurechtschneiden, das etwas kleiner ist als die Sperrholzplatte.

2. Am Computer mit einem Textverarbeitungs- oder Grafikprogramm eine Vorlage für jeden Monat entwerfen und auf Transparentpapier ausdrucken. Dabei entweder eine DIN-A4-Vorlage mit Platz rundum erstellen und die Transparentpapiere nach dem Drucken zuschneiden oder gleich eine Vorlage im finalen Format erstellen und auf die bereits zugeschnittenen Papiere drucken.

3. Die Transparentpapiere an allen vier Ecken mit einem Tropfen Heißkleber auf der Tapete befestigen. An zwei Ecken den Heißklebepunkt mit Washi-Tape kaschieren – wenn es auf der Tapete nicht richtig hält, das Tape unauffällig mit Heißkleber fixieren.

4. An der Oberseite des Holzbretts rechts und links, 1,5 cm von den Rändern entfernt, je ein Loch bohren. Mit Heißkleber je eine Messing-Öse aufkleben. Dazwischen noch einmal drei kleine Löcher bohren und mit Kordel eine Buchklemme an der Holzplatte festbinden. Als Aufhängung ein Stück Kordel befestigen.

Schöne Schnipselei

MATERIAL:
TAPETE, FLÜSSIGKLEBER, VORSTECHER, NADEL, KÜCHENGARN, GRAUPAPPE, GESCHENKBAND, TACKER, CUTTER, KLEBEBAND, HEISSKLEBER

SCRAPBOOKING MACHT SPASS, ES IST SOGAR EIN NACHHALTIGES HOBBY. DENN „SCRAP" HEISST AUF DEUTSCH „SCHNIPSEL". ENTSPRECHEND LASSEN SICH DABEI ALLE MÖGLICHEN SCHNIPSEL VERWERTEN, ETWA AUSRISSE AUS ZEITSCHRIFTEN, ABGERISSENE KALENDERBLÄTTER ODER GESCHENKBANDRESTE. UND ALS BASIS DIENT EIN ALBUM, DAS PRIMÄR AUS TAPETE BESTEHT.

1

3

2

4

1. Zunächst legt man fest, wie viele Seiten das Scrapbook haben soll. Aus Tapete die entsprechende Anzahl an Streifen ausschneiden. Die Höhe der Streifen ist individuell, die Breite beträgt das Doppelte der Wunschbreite plus 3 mm. Praktisch ist es, die Breite der Tapete zu nutzen, wie hier geschehen. Bei einer standardmäßigen Rollenbreite von 53 cm sind die Seiten später etwa 26,4 cm breit. Jeden Streifen so falten, dass das Muster innen liegt – allerdings nicht Kante auf Kante falten, sondern so, dass eine Kante etwas unterhalb der anderen liegt.

2. Auffalten und mit der anderen Seite genauso verfahren. So entsteht in der Mitte ein etwa 3 mm breiter Steg.

3. Zwei der so vorbereiteten Streifen Rücken an Rücken nebeneinanderlegen. Eine der oben liegenden Flächen komplett mit Flüssigkleber versehen und die danebenliegende daraufkleben. Auf diese Weise alle Tapetenstücke aufeinanderkleben. Am Ende sollte das Ganze wie ein Buchblock aussehen.

4. Die erste Seite aufschlagen. In den schmalen Steg in der Mitte mit einem Vorstecher sechs Löcher hineinstechen. Die Seite zuschlagen und eine Nadel mit Garn von außen durch das oberste Loch führen. Innen entlangführen und beim nächsten Loch wieder nach außen führen. Die anderen Stiche genauso fortsetzen – die langen Stiche sollten sich immer in der Innenseite der Seite befinden, die kurzen außen.

Fortsetzung auf der nächsten Seite

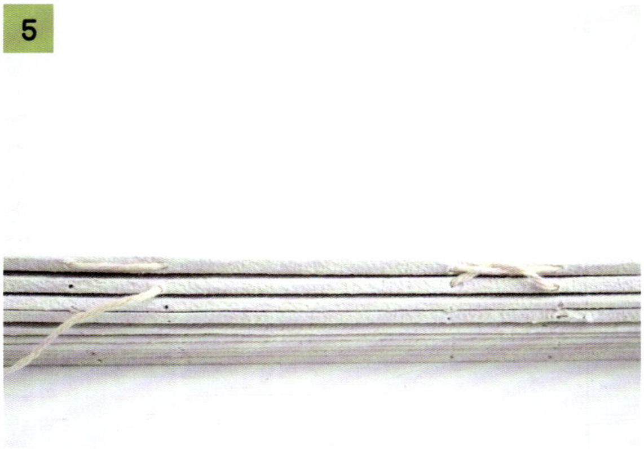

5. Nun den Rücken der zweiten Seite mit dem Vorstecher vorbereiten. Das Garn von der ersten Seite direkt in die zweite führen, dann innen entlang und wieder nach außen. Statt nun die Nadel ins nächste Loch zu stechen, diese erst durch den Stich der ersten Buchseite hindurch und dann ins Loch führen. Das Ganze nennt sich französische Kreuzbindung.

6. Am Ende der zweiten Seite angelangt, die bisher gesetzten Stiche noch einmal nachziehen, sodass die Nähte straff sitzen. Das Garn mit dem Garn-Anfang verknoten. Dann die Nadel in die dritte Buchseite stechen.

7. Überall dort, wo das Garn außen entlangläuft, wird es mit der zweiten Seite verbunden: Dafür das Garn durch die Naht und erst dann ins Seiteninnere führen. Auf diese Weise alle Buchseiten miteinander verbinden.

8. Nun den Umschlag fertigen: Dafür Vorderdeckel, Rücken und Rückdeckel aus Graupappe zurechtschneiden. Rechts und links ein Stück Geschenkband festtackern.

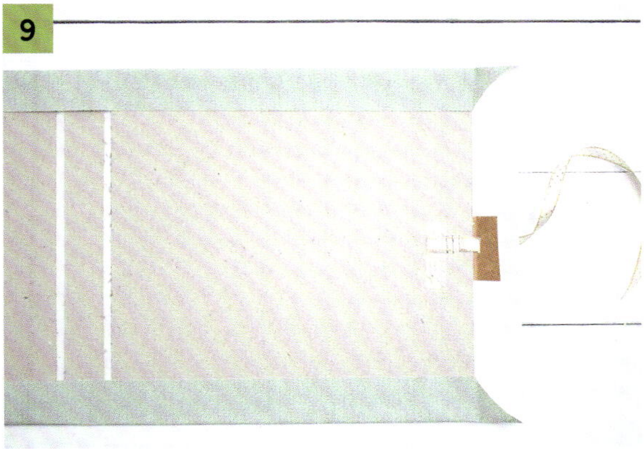

9. Ein rechteckiges Stück Tapete bereitlegen und die Papp-Stücke mit Flüssigkleber daraufkleben. Zwischen den einzelnen Papp-Stücken ca. 3 mm Platz lassen – so bleibt der Umschlag beweglich. Die Tapete oben und unten umschlagen und festkleben. Dort, wo das Geschenkband liegt, die Tapete mit Klebeband verstärken, einen Schlitz hineinschneiden und das Band durchführen.

Erst danach die Tapete umschlagen und festkleben. An den Ecken, wo Tapete auf Tapete liegt, braucht es Heißkleber zum Befestigen.

10. Zuletzt den Buchblock mittig in den Umschlag legen. Die beiden großen Flächen festkleben, den Rücken des Buchblocks aber nicht.

Erinnerungen
2016 & 2017

Dreigeteilte Ordnung

MATERIAL:
3 GLEICHE GETRÄNKEKARTONS, PAKETKLEBEBAND, TAPETE, FLÜSSIGKLEBER, DOPPELSEITIGES KLEBEBAND

FÜR CHAOS IST ER NICHT ZU HABEN, FÜR ORDNUNG ABER UMSO MEHR: IN DEM STIFTEHALTER HAT JEDES WERKZEUG UND JEDER STIFT SEINEN FESTEN PLATZ. DURCH DIE DREI UNTERSCHIEDLICH HOHEN FÄCHER SIND GROSSE WIE KLEINE DINGE STETS GRIFFBEREIT.

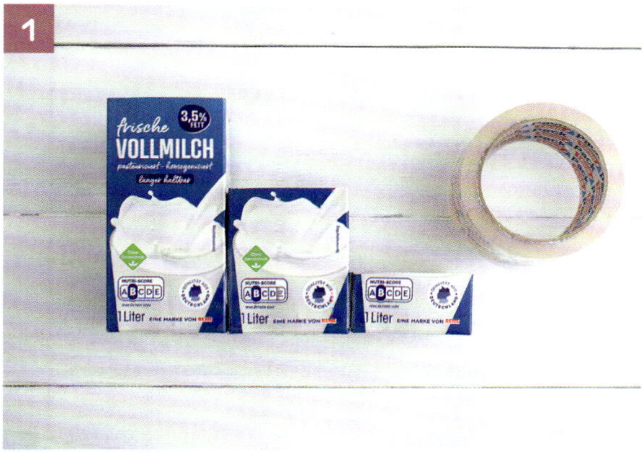

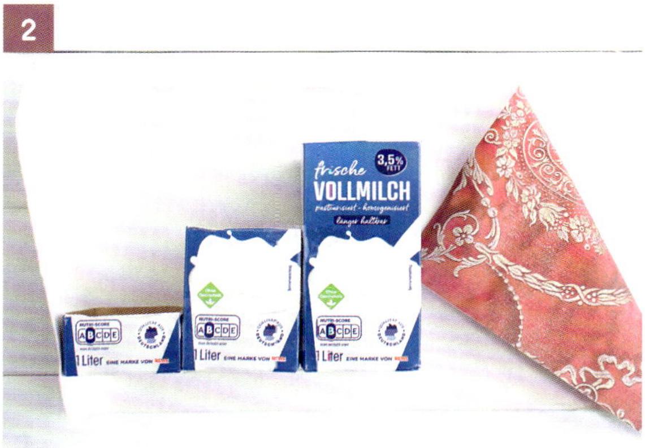

1. Die Getränkekartons auf unterschiedlichen Höhen abschneiden, auswaschen und gut trocknen lassen. Nebeneinanderlegen und mit Paketklebeband verbinden.

2. Die Vorderseite mit Flüssigkleber bestreichen, die Kartons auf ein Stück Tapete legen und andrücken.

3. Die anderen Seiten mit Kleber bestreichen und die Tapete andrücken. Die unten überstehende Tapete auf den Boden klappen und dort befestigen. Die oben überstehende Tapete mit senkrechten Einschnitten versehen und jeweils ins Innere der Fächer umschlagen – dort am besten mit doppelseitigem Klebeband fixieren.

4. Den Stiftehalter umdrehen und auf der Vorderseite so einschneiden, dass sich die Tapete nach hinten klappen lässt, um die Übergänge zwischen den unterschiedlich hohen Fächern zu verkleiden.

Für tapfere Schreiberlein

MATERIAL:
DICKES PAPIER, TAPETE, FLÜSSIGKLEBER, 10 BÖGEN DIN-A4-PAPIER, BUCHKLAMMERN, VORSTECHER, STABILES GARN, NADEL

GEDANKEN FESTHALTEN, EHE SIE SICH VERFLÜCHTIGEN, NOTIEREN, WAS EINEN GLÜCKLICH UND DANKBAR MACHT, TRÄUME AUFSCHREIBEN, SKIZZEN ZEICHNEN – ES GIBT VIELE MÖGLICHKEITEN, EIN NOTIZHEFT ZU NUTZEN. EIN EINBAND AUS TAPETE MACHT JEDES HEFT ZUM UNIKAT.

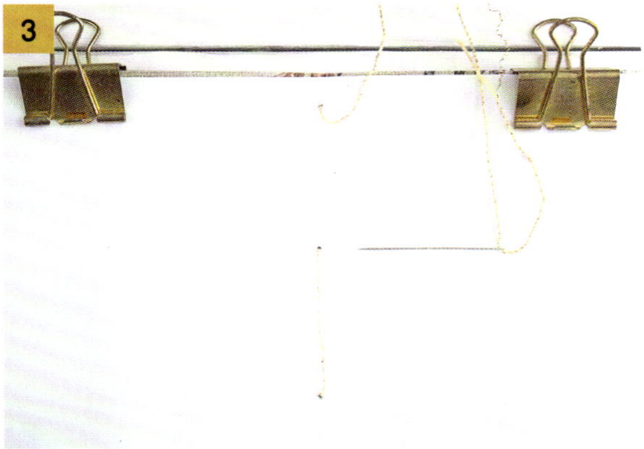

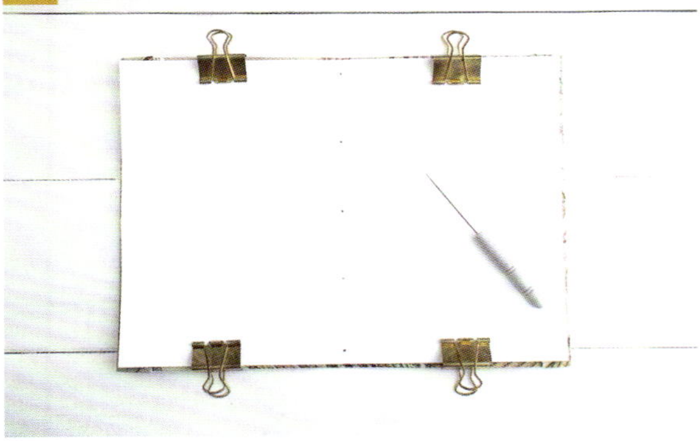

1. Ein Rechteck aus dickem Papier zurechtschneiden, das etwas größer ist als eine DIN-A4-Papier-Seite. Ein Stück Tapete zuschneiden, das Papier mit Flüssigkleber mittig darauf befestigen. Die Tapete an den Ecken schräg abschneiden, an allen Seiten einschlagen und festkleben.

2. Zehn Papierbögen zu einem Stoß zusammenfassen, mittig falten, auf den Umschlag legen und mit Buchklammern fixieren. Fünf Löcher mit gleichem Abstand zueinander hineinstechen.

3. Beim zweiten Loch von unten anfangen und das Garn von außen durchführen. Innen nach oben entlangführen und beim nächsten Loch wieder nach außen führen. Beim obersten Loch angekommen, wieder „zurücknähen".

4. Die beiden losen Enden verknoten und zu einer kleinen Schleife binden.

Schönes für den Tisch

Zum Speisen aufgelegt

MATERIAL:
PAPPE, GARN, TAPETE, HEISSKLEBER, LOCHZANGE

WER EINE TISCHDECKE SPIESSIG ODER UNPRAKTISCH FINDET, KANN STATTDESSEN EINEN TISCHLÄUFER AUFLEGEN. UND SIEHE DA – ER VERWANDELT JEDEN NOCH SO SCHLICHTEN TISCH IN EINE TAFEL UND EIGNET SICH AUF DIESE WEISE PRIMA FÜR FESTLICHE ANLÄSSE.

1

2

3

4

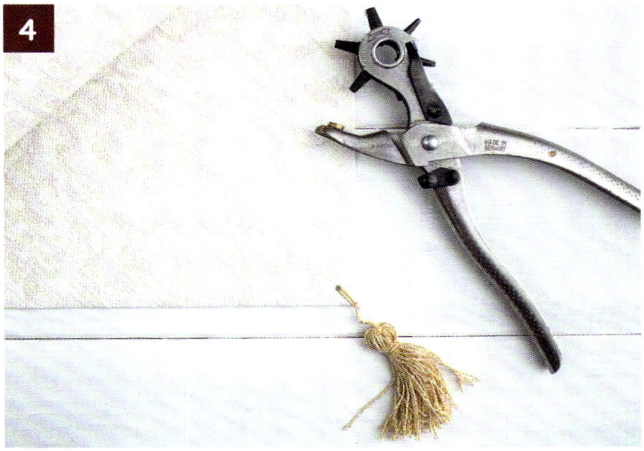

1. Als Wickelhilfe für die Quaste ein quadratisches Stück Pappe zurechtschneiden. Oben etwas einschneiden. Ein 20 cm langes Stück Schnur in den Einschnitt klemmen, sodass die Enden etwa gleich lang zu beiden Seiten herunterhängen. Anschließend die Pappe mit Schnur umwickeln – je öfter man wickelt, desto voluminöser wird später die Quaste.

2. Mit der 20-cm-Schnur die anderen Schnüre oben fest zusammenknoten. Das Ganze unten aufschneiden und den „Kopf" der Quaste mit einem weiteren Stück Schnur abbinden.

3. Einen Streifen Tapete zurechtschneiden. An den Enden beide Ecken in die Mitte falten, sodass eine dreieckige Spitze entsteht. Mit Heißkleber fixieren.

4. Ein Loch in die Spitze stanzen und die Quaste am Tischläufer festbinden. Ebenso auf der anderen Seite des Tischläufers verfahren.

Runde Sache

MATERIAL:
RUNDER GEGENSTAND, TAPETE, FLÜSSIGKLEBER, KLARSICHTHÜLLE, BUCHKLAMMER, NADEL, NÄHGARN, STREUGLITZER, HEISSKLEBER

NACH DEM ABENDESSEN REINEN TISCH MACHEN? FÜR ALLE, DIE PRAKTISCH DENKEN, IST DAS NICHT NÖTIG: GLITZERNDE GLAS-UNTERSETZER VERHINDERN FLECKEN AUF DEM TISCH ODER DER TISCHDECKE SCHON IM VORAUS – UND WÜRZEN DAS MAHL GLEICHZEITIG MIT EINER PRISE GLAMOUR.

1. Für einen Untersetzer mithilfe eines runden Gegenstands zwei Kreise aus Tapete und zwei etwas größere aus Klarsichtfolie ausschneiden.

2. Die beiden Tapetenkreise Rücken an Rücken aufeinanderkleben, vorne und hinten einen Folienkreis auflegen und das Ganze mit einer Buchklemme fixieren. Mit Nadel und Garn dicht am Rand entlangnähen. Sind etwa drei Viertel des Kreises genäht, etwas Streuglitzer in die Seite einfüllen, die später oben zu sehen sein soll.

3. Komplett zunähen, die Enden an der Unterseite verknoten und mit einem Tropfen Heißkleber fixieren. Die Garn-Enden möglichst kurz abschneiden.

4. Zuletzt die überstehende Folie rundum abschneiden.

Faltenkleid

MATERIAL:
DICKE PAPIERTAPETE, LINEAL, FALZBEIN, FLÜSSIGKLEBER, BUCHKLAMMERN

WER BLUMEN LIEBT, KANN VON VASEN MEIST GAR NICHT GENUG BEKOMMEN! DA PASST ES PRIMA, DASS MIT DER RICHTIGEN FALTTECHNIK SCHNELL MEHRERE VON IHNEN IN VERSCHIEDENEN GRÖSSEN UND FARBEN ENTSTEHEN: EIN ORIGAMI-GEWAND VERSCHAFFT JEDEM STRAUSS EINEN IMPOSANTEN AUFTRITT.

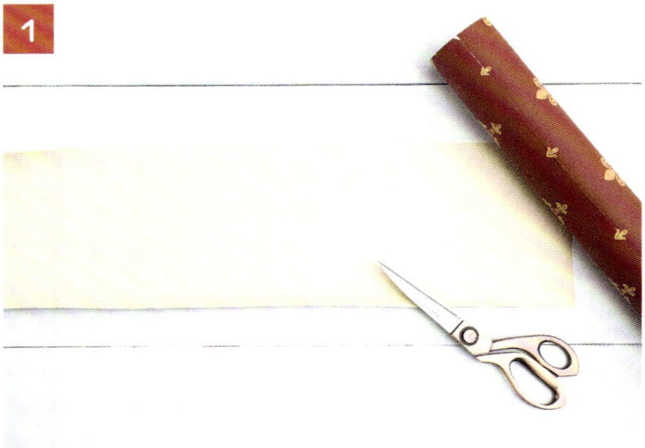

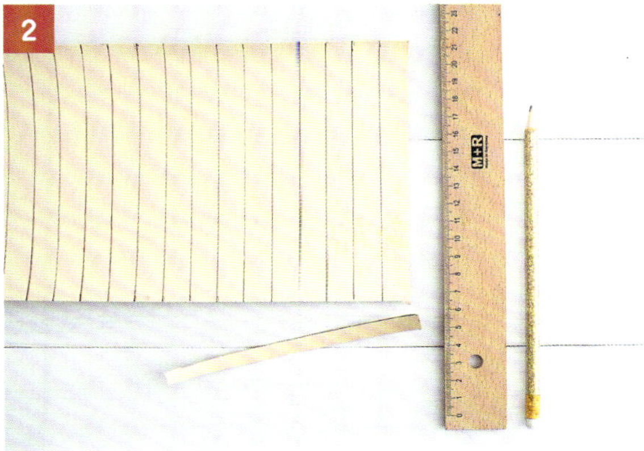

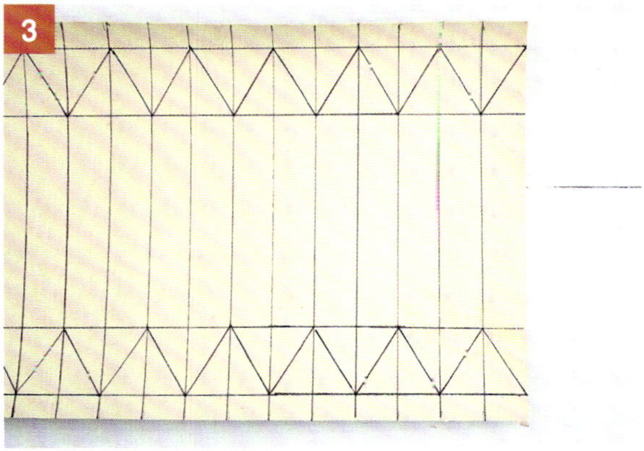

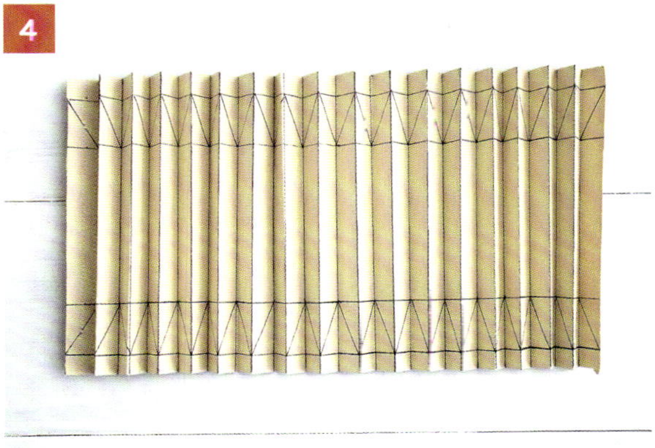

1. Aus Tapete einen Streifen zurechtschneiden: Für eine kleine Vase die komplette Breite der Bahn nutzen und für die Höhe einige Zentimeter zur gewünschten Vasenhöhe dazurechnen. Für größere Vasen braucht es zwei Tapetenstreifen.

2. Mit Lineal und Bleistift Abschnitte von jeweils 1,5 cm aufzeichnen – den Rest abschneiden. Damit sich die Kanten später gut falten lassen, alle Linien mit einem Falzbein nachfahren.

3. Parallel zu den Längsseiten oben und unten je zwei Striche einzeichnen, einen mit 1 cm Abstand vom Rand, den anderen mit 3,5 cm Abstand. Diagonalen einzeichnen, die die beiden waagerechten Linien zickzackförmig verbinden. Die Spitzen der so gegenüberliegenden Dreiecke am oberen und am unteren Rand sollten aufeinander bzw. voneinander weg zeigen.

4. Das Papier ziehharmonikaartig falten.

Fortsetzung auf der nächsten Seite

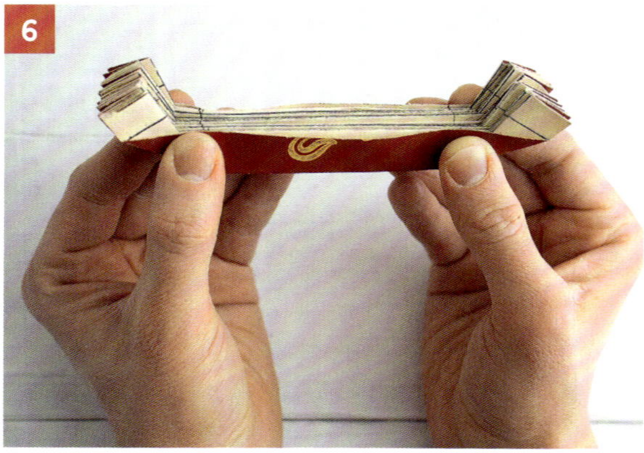

5. Umdrehen, sodass die Vorderseite der Tapete oben liegt. Die aufgezeichneten Dreiecke, deren Spitzen in die Mitte zeigen, nach innen drücken.

6. Das Ganze noch einmal fest zusammendrücken.

7. Die offenen Enden überlappend aufeinander kleben und zum Trocknen mit Buchklammern fixieren.

8. Die fertige Origami-Hülle über ein Glas stülpen.

EIN TIPP:
WENN SICH DIE HINEINGESTELLTEN BLUMEN PARTOUT NICHT MITTIG HALTEN WOLLEN, HILFT DER FOLGENDE TRICK. DAS GLAS ZUNÄCHST MIT WASSER BEFÜLLEN. ZWEI KLEBEFILMSTREIFEN LÄNGS UND ZWEI QUER ÜBER DIE ÖFFNUNG KLEBEN WIE BEI EINEM RAUTEZEICHEN. DIE ORIGAMI-HÜLLE ÜBER DAS GLAS STREIFEN UND DIE BLUMEN IN DIE MITTE DES RAUTEZEICHENS STELLEN.

Neue Flamme

MATERIAL:
VLIES- ODER VINYLTAPETE, HEISSKLEBER, ALTES EINMACHGLAS ODER ALTER TOPF, WACHSRESTE, KÜCHENGARN, ETWAS PAPPE, TELLER, SCHARFES MESSER

ETWAS ZEIT UND GEDULD SIND SCHON VONNÖTEN, UM SELBST KERZEN ZU GIESSEN. EINE IDEALE GELEGENHEIT, UM EINIGE LIEBE MENSCHEN ZU EINEM KREATIVABEND ZU VERSAMMELN, EIN GLÄSCHEN WEIN ZU TRINKEN UND SICH AM ENDE ÜBER DIE FERTIGEN KERZEN ZU FREUEN!

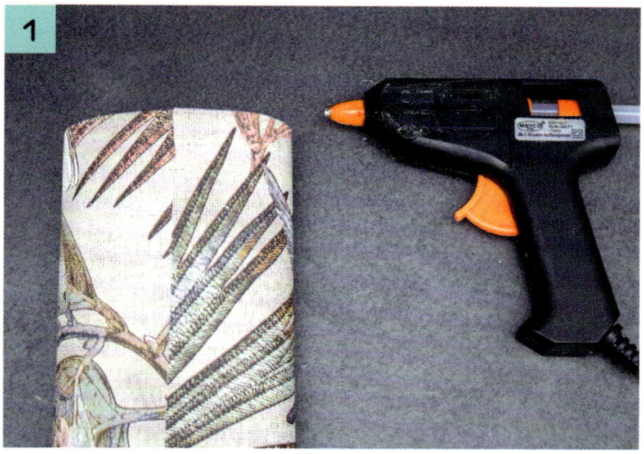

1. Einen Streifen Tapete zur Rolle formen und die Enden etwa 3 cm überlappen lassen. Mit zwei senkrechten Heißkleber-Linien zukleben.

2. Ein Glas in ein Wasserbad setzen oder gleich einen alten Topf nehmen und Wachsreste darin schmelzen. Ein Stück Küchengarn hineintauchen, bis es sich vollgesogen hat. Herausnehmen, erkalten lassen und noch einmal kurz eintauchen, sodass die Wachsschicht um die Schnur herum noch einmal dicker wird.

3. Ein Loch in ein Stück Pappe bohren, den fertigen Docht hineinstecken und die Pappe über die Öffnung der Tapetenrolle legen. Das Ganze auf einen Teller stellen.

Nun etwa einen halben Zentimeter hoch flüssiges Wachs einfüllen, erkalten lassen. Einen weiteren Zentimeter einfüllen und erkalten lassen, dann zwei Zentimeter. Auf diese Weise die Rolle nach und nach mit Wachs füllen. Dabei aber unbedingt in kleinen Schritten vorgehen! Wird oben zu viel heißes Wachs eingegossen, sucht es sich einen Weg durch das bereits erkaltete Wachs und läuft unten wieder hinaus.

4. Die Kerze komplett fest werden lassen und mit einem scharfen Messer Teile des Motivs herausschneiden. Den Docht kürzen. Beim Abbrennen darauf achten, dass die Tapete kein Feuer fängt – am besten nach und nach abschneiden.

BREHM
ALPHONSE DAUDET
DAPHNE DU MAURIER
Ein Tropfen Zeit

Leuchtende Ideen

Charmantes Leselicht

MATERIAL:
TAPETE, NÄHGARN, HEISSKLEBER, STABILER DRAHT, LAMPENKABEL MIT FASSUNG, ZUGENTLASTUNG UND SCHRAUBRING, GEBOGENER AST, ACRYLFARBE, BOHRER

ALLES NUR SCHÖNER SCHEIN? NICHT DOCH! MIT IHREM LAMPENSCHIRM AUS TAPETE UND DER AST-HALTERUNG VEREINT DIE WANDLEUCHTE STIL UND NACHHALTIGKEIT. NEBEN DEM SOFA ODER AM BETT ANGEBRACHT, BIETET SIE IDEALE VORAUSSETZUNGEN FÜR GEMÜTLICHE STUNDEN.

1

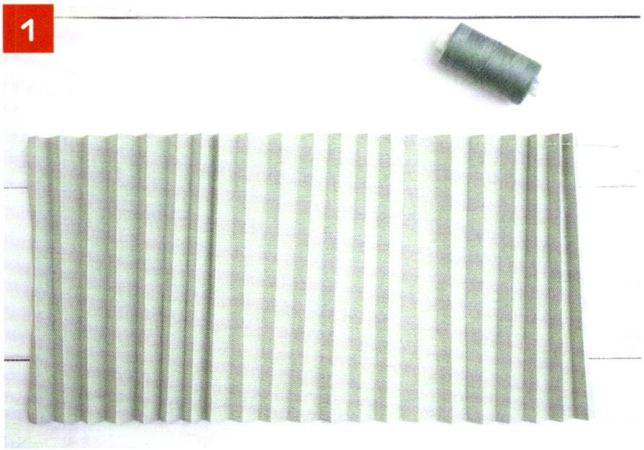

3

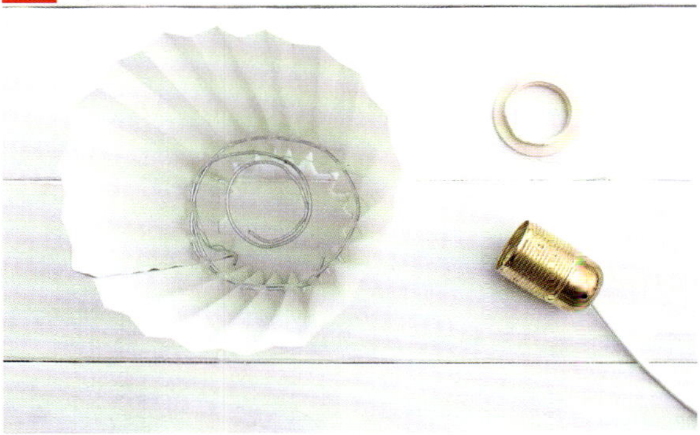

2

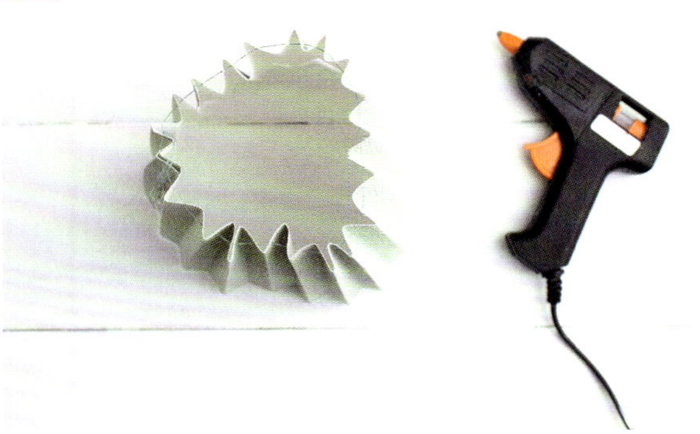

4

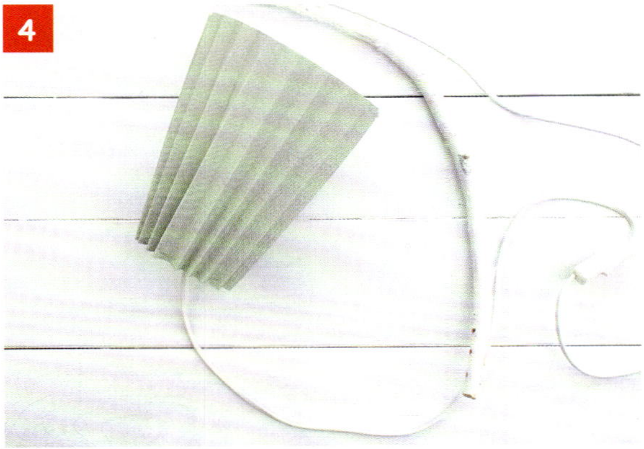

1. Einen Streifen Tapete in Abständen von jeweils 1 cm ziehharmonikaartig falten. Nähgarn etwa 1 cm unterhalb des oberen Rands durch die Tapetenfalten ziehen.

2. Die offenen Enden mit Heißkleber überlappend aufeinander kleben. Die Garn-Enden zusammenziehen, sodass die Oberseite des Lampenschirms gerafft wird, und im Inneren des Schirms verknoten.

3. Aus Draht eine Art Spirale biegen. Der innere Kreis sollte etwas größer als die Lampenfassung sein, sodass sie sich später leicht hindurchschieben lässt. Die Drahtspirale in den Lampenschirm schieben und rundum mit Heißkleber-Punkten befestigen.

4. Die Lampenfassung in die Drahthalterung stecken und von unten den Schraubring daraufdrehen. Als Aufhängung dient ein gebogener Ast: Diesen weiß anmalen, trocknen lassen und am unteren Ende drei Löcher zum Anschrauben hineinbohren. Das Kabel später um den Ast wickeln.

Bezugsfertig

MATERIAL:
LAMPENFUSS, GESTELL MIT KABEL, CUTTER, TAPETE, HEISSKLEBER, SPITZENBAND

AUF OMAS DACHBODEN, IN GEBRAUCHTWARENLÄDEN ODER AUF DEM FLOHMARKT FINDEN SICH OFT TISCHLAMPEN, DIE NOCH KOMPLETT INTAKT SIND. EINZIG AM STOFFSCHIRM ZEIGEN SICH MEIST DIE SPUREN DER ZEIT. KLAR, DASS DA EIN NEUER BEZUG HERMUSS!

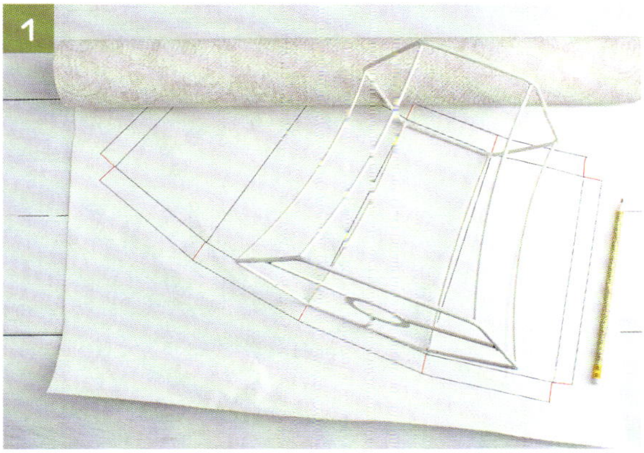

1. Den Lampenschirm abnehmen und den Stoffbezug mit einem Cutter abschneiden. Das Gestell auf die Tapete legen und den Umriss übertragen. Das funktioniert gut, indem man das Gestell Seite für Seite über die Tapete rollt und dabei jeweils mit einem Stift die Kanten nachfährt. Bei einer Mustertapete reicht die Rollenbreite meist nicht aus, um den Bezug aus einem Stück zu fertigen: daher zwei Tapetenstücke nehmen. Etwa bei dem hier gezeigten sechseckigen Schirm wurden vier Seiten auf ein Stück Tapete übertragen, die restlichen zwei auf ein zweites Stück. Bei einer unifarbenen Tapete die Rolle quer nehmen. Bei dem Umriss – oder den beiden Umrissen – rundum zwei Zentimeter zugeben, dann ausschneiden. Die Ecken herausschneiden, die Verlängerungen der Kantenlinien am oberen und unteren Rand einschneiden.

2. Die Kanten knicken, damit sie sich später besser in die vorgesehene Form fügen. Das erste Tapetenstück um das Gestell legen und bei jeder Seite die Oberkante befestigen: dafür Heißkleber auf die Innenseite geben und das jeweils oben überstehende Tapetenstück nach innen einschlagen. Besteht der Bezug aus zwei Teilen, während dieses Arbeitsschritts das zweite Stück mit Heißkleber an das erste kleben.

3. An der noch offenen Seite die Tapete überlappend zusammenkleben.

Fortsetzung auf der nächsten Seite

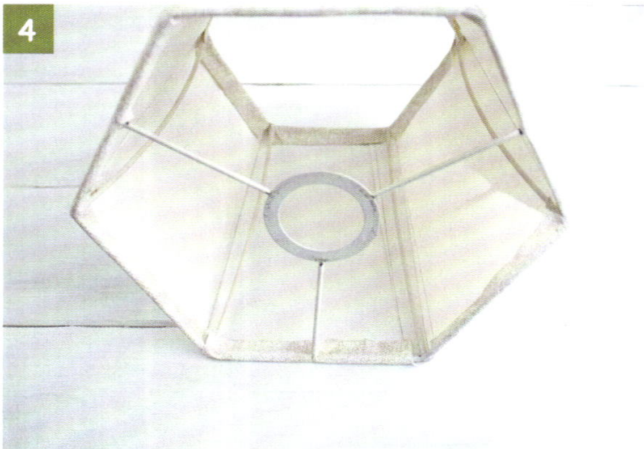

4. An den unteren Kanten genauso verfahren wie an den oberen, dabei die Tapete etwas spannen. An den senkrechten und hier leicht gebogenen Streben sollte die Tapete im Übrigen nicht befestigt werden – denn anders als Stoff lässt sie sich nicht dehnen und könnte durchs Anlegen reißen.

5. Den Lampenschirm auf den Lampenfuß setzen und mithilfe des Schraubrings befestigen.

6. Zuletzt mit Heißkleber an der unteren Kante des Lampenschirms rundum Spitzenband ankleben.

Light me up!

MATERIAL:
DÜNNE LATTEN, STICH- ODER HANDSÄGE, 4 FLACHWINKEL INKL. SCHRAUBEN, BOHRER, STABILER DRAHT, HELLE TAPETE, DURCHSICHTIGES PAKETKLEBEBAND, HAND- ODER ELEKTROTACKER, COMPUTER, DRUCKER, FLÜSSIGKLEBER, GOLDFARBENER TONKARTON, HEISSKLEBER, SELBSTKLEBENDES LED-BAND MIT KABEL UND STECKER

OB IM KLEINEN FORMAT ODER AUF IMPOSANTEN 60-MAL-90-ZENTIMETERN WIE HIER – EIN VON HINTEN BELEUCHTETES WANDBILD ZIEHT ALLE BLICKE AUF SICH. EIN PASSENDER SPRUCH LÄSST BETRACHTER SCHMUNZELN.

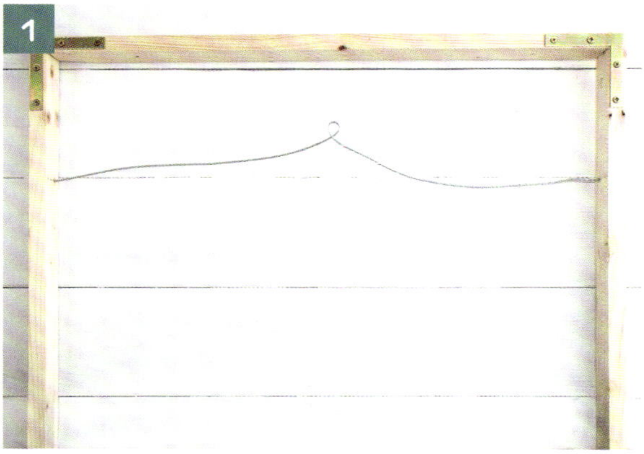

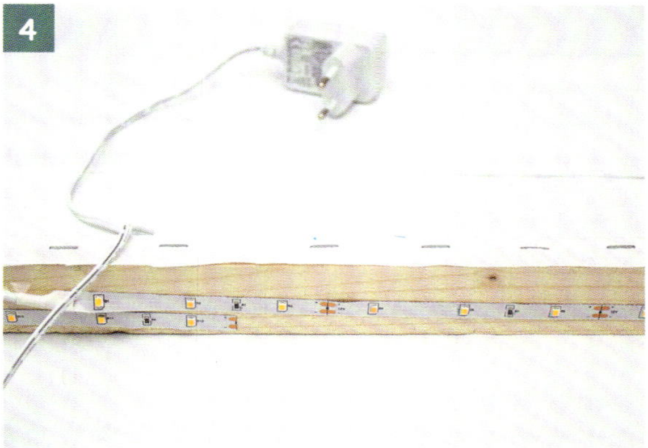

1. Vier Latten zurechtsägen und mit Flachwinkeln verbinden, dass sie einen rechteckigen Rahmen bilden. An beiden Seiten im oberen Viertel der Seitenleisten je ein Loch für die Aufhängung bohren. Ein Stück Draht zu einer Aufhängung formen, die Enden durch die eben gebohrten Löcher stecken und nach oben umbiegen.

2. Falls die Breite nicht ausreicht, zunächst zwei Tapetenbahnen nebeneinanderlegen und von hinten mit durchsichtigem Paketklebeband verbinden. Den Rahmen auf die Tapete legen, diese umschlagen und festtackern. Dabei am besten oben in der Mitte beginnen, die Tapete spannen und unten in der Mitte befestigen. Zu den Ecken vorarbeiten und zuletzt die Tapete an den Seiten festtackern. Überstehende Tapete abschneiden.

3. Ein Zitat oder einen Spruch heraussuchen, diesen in einem Textverarbeitungsprogramm in einen Textkasten kopieren, spiegeln und ausdrucken. Mit Flüssigkleber auf die Rückseite von goldfarbenem Tonkarton kleben und ausschneiden. Die fertigen Buchstaben mit Heißkleber vorne auf die Tapete kleben.

4. In die Innenseite des bespannten Rahmens ein LED-Band kleben – dabei mit dem Ende beginnen, an dem sich der Stecker befindet.

Licht aus der Dose

MATERIAL:
KONSERVENDOSE, BOHRER, LAMPENFASSUNG MIT KABEL UND SCHRAUBRING, EDDING, TAPETE, HEISSKLEBER, KIPPSCHALTER, KABEL MIT STECKER

KLEINE LAMPE, GROSSE WIRKUNG: AUF WUNSCH RÜCKT DIE TISCHLEUCHTE DUNKLE ECKEN ODER FAST VERGESSENE DEKO-GEGENSTÄNDE WIEDER INS RECHTE LICHT – UND WIRD MIT IHRER RETRO-OPTIK DABEI SELBST ZUM BLICKFANG.

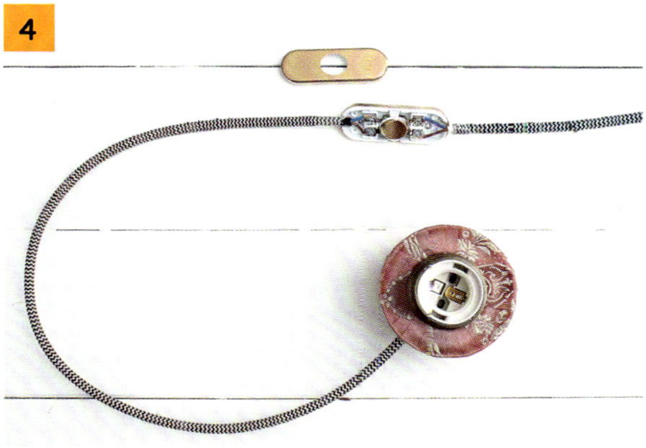

1. Die Konservendose auswaschen und trocknen lassen. An der Seite ein Loch bohren, das einen etwas größeren Durchmesser als das Kabel hat. In die Oberseite ein großes Loch bohren – hierfür einen Kreis in der Größe der Lampenfassung mit Edding aufzeichnen und entlang der Kreislinie lauter kleine Löcher bohren. Diese vergrößern, bis das Blech herausfällt.

2. Einen Tapetenstreifen zurechtschneiden und oben einschneiden. Die Länge der Einschnitte so wählen, dass die kleinen Streifen später vom Dosenrand bis zum Loch reichen.

3. Die Tapete mit Heißkleber an der Dose befestigen.

4. Die unten überstehende Tapete nach innen schlagen und festkleben. Die oben überstehenden Streifen auf die Dosen-Oberseite rund um das Loch kleben. Die Fassung von innen durch das Loch schieben und mit dem Schraubring festdrehen. Das Kabelende durch das kleine Loch an der Seite führen. Das Kabelende und das Kabel mit dem Stecker mithilfe eines Zwischenschalters verbinden. Dazu den Nullleiter (blaues oder graues Kabel) an der Seite mit der durchgängigen Verbindung anschließen, die stromführende Phase (schwarzes oder braunes Kabel) ans Schaltwerk.

Orientalischer Zauber

MATERIAL:
PAPPE, KLEBEBAND, TAPETE, CUTTER, ALUMINIUMDRAHT, STABILER DRAHT, SOLARLEUCHTE, HEISSKLEBER

DRAUSSEN WOHNT DIE LATERNE GERNE EINEM ROMANTISCHEN STELLDICHEIN IN DER GARTENLAUBE ODER EINEM ABENDESSEN AUF DEM BALKON BEI. DRINNEN MALT SIE MUSTER AUS LICHT AN DIE WÄNDE. ALLES, WAS SIE DAFÜR BRAUCHT, IST VIEL SONNE UND EIN REGENGESCHÜTZTES PLÄTZCHEN ZUM AUFHÄNGEN.

1

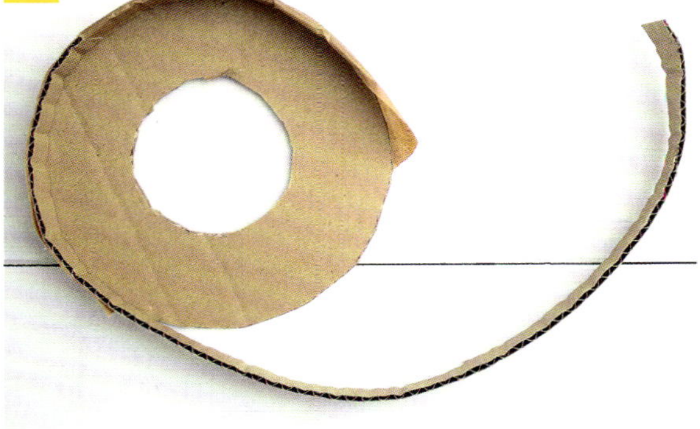

3

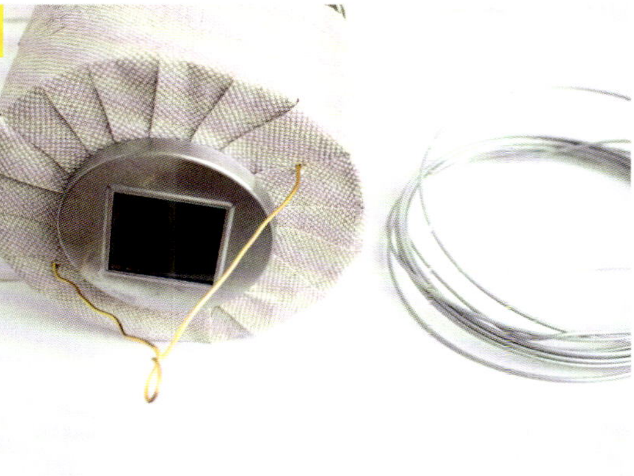

2

4

1. Aus Pappe einen Ring ausschneiden. Die innere Öffnung sollte etwas kleiner sein als die Solarleuchte. Einen Streifen aus Pappe um den Pappring legen und mit Klebeband befestigen.

2. Ein rechteckiges Stück Tapete bereitlegen. Unten einen 2,5 cm breiten Rand freilassen, oben einen Rand von mehreren Zentimetern – dieser sollte breit genug sein, dass er später den Pappstreifen bedeckt und bis zur Öffnung in dem Pappkreis reicht. Mithilfe von runden Alltagsgegenständen wie Washi-Tape-Rollen, Marmeladenglasdeckeln oder Klebebandrollen einige Kreise auf die Tapete zeichnen. In diese Kreise weitere Kreise oder tropfenförmige Muster einzeichnen und diese mit einem Cutter ausschneiden.

3. Die Tapete oben in 2-cm-Abständen einschneiden und sie unterhalb der Einschnitte mit Heißkleber am Pappring befestigen. Die Einschnitte nach und nach in Richtung Öffnung umknicken und festkleben. Aus Aluminiumdraht einen Henkel formen, zwei Löcher dafür in die Tapete und die darunterliegende Pappe bohren und die Henkel-Enden durchschieben. In die Öffnung das Solarlicht hineinstecken.

4. Die senkrechte Seite der Tapete zukleben. Aus stabilem Draht einen Ring biegen und diesen unten in die Laterne schieben. Den unteren Rand der Tapete 1 cm umschlagen und mit Heißkleber auf den Ring kleben.

Leuchtende Botschaft

MATERIAL:
VLIES- ODER VINYLTAPETE, FLÜSSIGKLEBER, SCHNUR, WÄSCHEKLAMMERN, VORSTECHER, ELEKTROLUMINESZENZ-KABEL, HEISSKLEBER, NADEL, NÄHGARN

DIE ERSTE NEONREKLAME ERSTRAHLTE ANFANG DES 20. JAHRHUNDERTS AN EINEM PARISER FRISEURSALON. SPÄTER ILLUMINIERTEN SCHRIFTZÜGE ETWA BOUTIQUEN, BARS, CLUBS – UND JETZT EROBERN SIE DAS ZUHAUSE UND SETZEN DORT FASZINIERENDE AKZENTE.

1

3
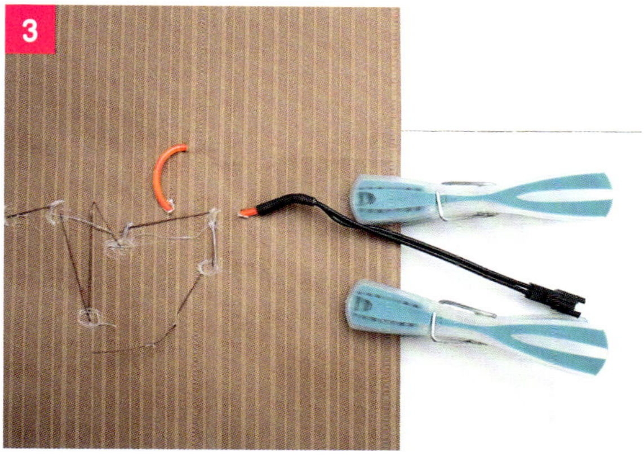

2

4

1. Zwei gleich große Stücke Tapete zuschneiden. Oben und unten einen Rand von einigen Zentimetern einschlagen und die Tapete Rücken an Rücken aufeinanderkleben.

2. Ein Zeichen, ein Wort oder einen Schriftzug auswählen. Bei mehreren Wörtern ist es ratsam, mithilfe von Schnur und Wäscheklammern Hilfslinien zu markieren. Wer sich nicht sicher ist, wie groß die Schrift sein sollte, kann zunächst das Elektrolumineszenz-Kabel ausmessen, eine Schnur in gleicher Länge nehmen und daraus die Buchstaben legen – dabei aber bedenken, dass die Schnur an einem Stück bleiben muss.

3. Das Batteriefach sollte sich später in der Ecke links unten befinden. Entsprechend dort mit dem Schriftzug anfangen: Mit dem Vorstecher ein großes Loch bohren, das Kabel von der Rückseite aus durchführen und zum gewünschten Zeichen legen. Damit es in Form bleibt, an einigen Stellen mithilfe von Faden und Garn mit einem Stich fixieren. Nach mehreren Stichen auf der Rückseite den Faden verknoten und den Knoten zusätzlich mit Heißkleber versehen, damit die Nähte straff bleiben.

4. Die einzelnen Wörter möglichst am Stück „schreiben". Wo ein Absetzen nötig ist, etwa bei einem t-Strich oder einem i-Punkt, ein Loch in die Tapete bohren, das Kabel hinten auf die Rückseite führen und durch ein weiteres Loch wieder auf die Vorderseite.

Fortsetzung auf der nächsten Seite

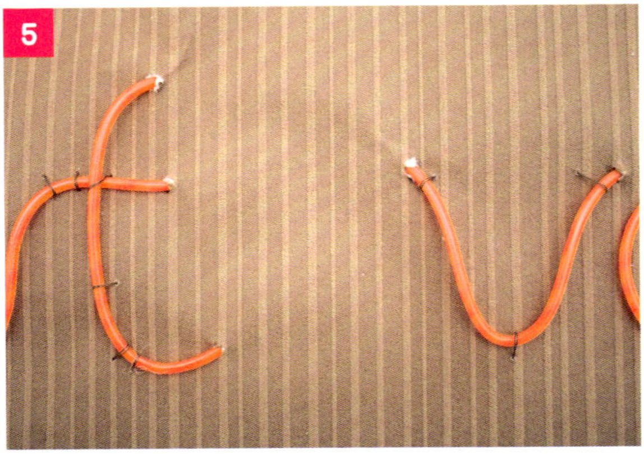

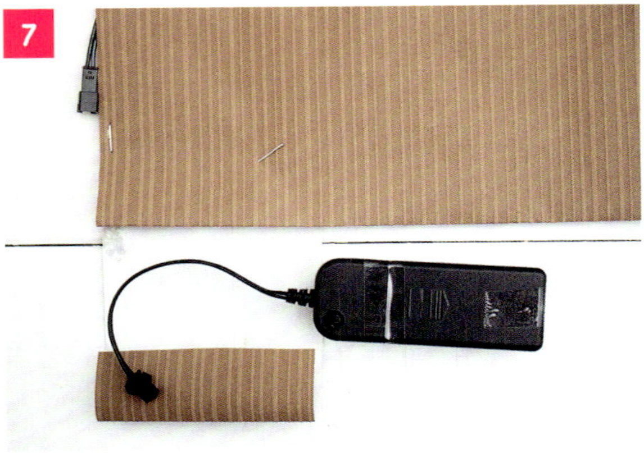

5. Auch wenn ein Wort endet, das Kabel auf der Tapeten-Rückseite entlang bis zum nächsten führen.

6. Bei zwei Zeilen am Ende der ersten Zeile das Kabel wieder auf die Rückseite führen. In der oberen Zeile müssen die Wörter dann von rechts nach links geschrieben werden.

7. Für das Batteriekästchen einen kleinen Tapetenstreifen zurechtschneiden. Eine Seite festtackern.

8. Den Streifen nach oben schlagen und mit Nadel und Garn festnähen. Zuletzt das Batteriekästchen hineinschieben.

Jusqu'ici
tout va bien

Dekoratives für Wände

Welt an der Wand

MATERIAL:
TAPETE, LINEAL, KLEBEZETTEL, DOPPELSEITIGES KLEBEBAND

WENN FERNWEH AUFKOMMT UND DIE NÄCHSTE REISE NOCH NICHT IN SICHT IST, SCHAFFT DIESER ANBLICK SICHERLICH LINDERUNG! SO KÖNNEN WELTENBUMMLER IN ERINNERUNGEN SCHWELGEN, SICH IN FERNE LÄNDER TRÄUMEN UND ZUKÜNFTIGE ZIELE INS AUGE FASSEN.

1

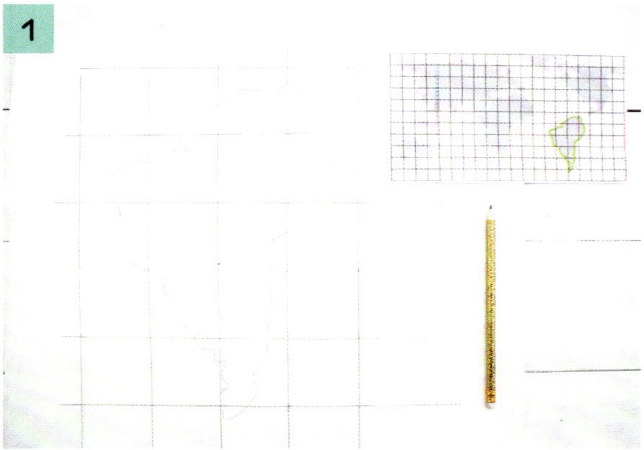

2

3

1. Online, z. B. auf Freepik oder Pixaby, eine Weltkarten-Vorlage herunterladen. Diese einmal gespiegelt und einmal richtig herum ausdrucken. Beide Vorlagen mit senkrechten und waagrechten Linien in Quadrate einteilen, sodass ein Raster entsteht.
Die spiegelverkehrte Vorlage nehmen und auf das gewünschte Maß vergrößern: Dafür für jeden Kontinent das Raster der Vorlage in der gewünschten Größe auf die Rückseite eines Tapetenstücks zeichnen und die Umrisse des Kontinents übertragen.

2. Die einzelnen Kontinente ausschneiden. Kleine vorgelagerte Inseln zunächst mit schmalen Stegen an den zugehörigen Kontinenten hängen lassen, damit nichts durcheinandergerät.

3. Mehrere Klebezettel in schmale Streifen schneiden. Mithilfe der Streifen und der zweiten – nicht spiegelverkehrten – Vorlage an der Wand wichtige Linien markieren, etwa die Ränder des Rasters oder Orientierungspunkte. Anhand der Linien die Position der Kontinente ermitteln und diese mit doppelseitigem Klebeband an die Wand kleben. Die Inseln abschneiden und dann ankleben. Ein Tipp: Wer zum Beispiel in einer Mietwohnung wohnt und die Karte nicht direkt an die Wand kleben will, kann sie auf einen neutralen Stoff oder ein altes Laken kleben.

Im Boho-Stil

MATERIAL:
VLIES- ODER VINYLTAPETE, AST, SCHNUR

URSPRÜNGLICH STAMMT DIE TECHNIK AUS DEM ORIENT, SPÄTER GELANGTE SIE NACH EUROPA. ZULETZT LAG MAKRAMEE IN DEN 70-ERN IM TREND – JETZT ENTDECKEN ES IMMER MEHR MENSCHEN WIEDER NEU FÜR SICH. GRUND GENUG, DIESE VARIATION EINMAL AUSZUPROBIEREN: STATT BAUMWOLLGARN KOMMT TAPETE ZUM EINSATZ, WODURCH DAS ERGEBNIS ETWAS LUFTIGER AUSFÄLLT.

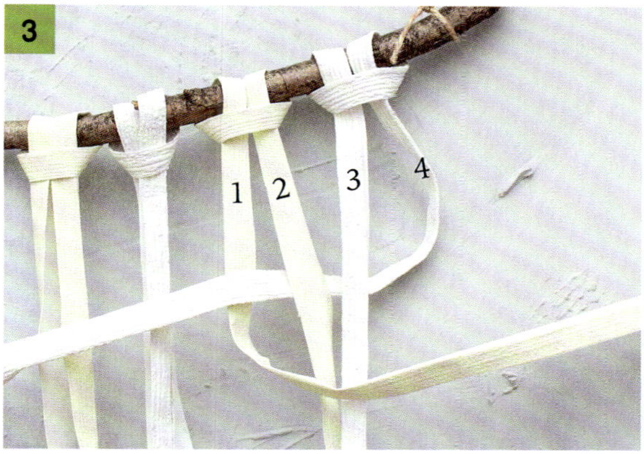

1. Zehn Tapetenstreifen zurechtschneiden, die jeweils 3 m lang und 2 cm breit sind. Die Streifen der Länge nach falten.

2. Als Aufhängung ein Stück Schnur an einem Ast festbinden. Mit dem ersten Tapetenstreifen einen Weberknoten knüpfen: Dafür den ersten Tapetenstreifen doppelt nehmen, die entstandene Schlaufe von oben hinter den Ast legen und die losen Enden hindurchziehen. Auf diese Weise alle zehn Tapetenstreifen am Ast befestigen.

3. Weiter geht es mit dem Kreuzknoten, wobei immer vier Stränge miteinander verknüpft werden. Strang 1 vor den beiden mittleren entlangführen, Strang 4 dahinter und dann durch die Schlaufe, die bei Strang 1 entstanden ist.

4. Strang 1 durch die bei Strang 4 entstandene Schlaufe führen.

Fortsetzung auf der nächsten Seite

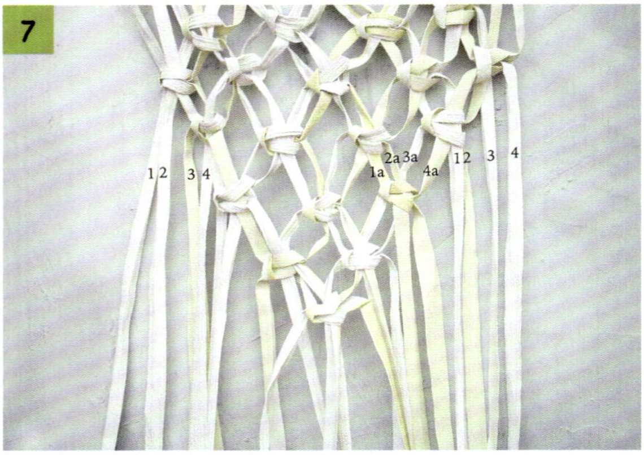

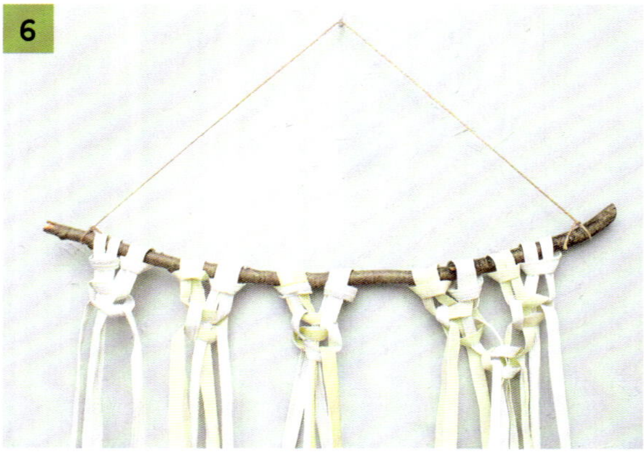

5. Den gleichen Knoten seitenverkehrt durchführen, also diesmal den Strang ganz links hinter den beiden mittleren Strängen entlangführen, den ganz rechts vor den beiden. Die Knoten so fest wie möglich ziehen, allerdings vorsichtig vorgehen, damit die Tapete nicht reißt.

6. Auf diese Weise von rechts nach links vorarbeiten und immer vier Stränge mit einem Kreuzknoten verknüpfen. Dann wieder ganz rechts anfangen mit versetzten Kreuzknoten: Die zwei Stränge ganz rechts lose herunterhängen lassen und mit den vier danebenliegenden Strängen verknüpfen. Hier wieder mit allen Strängen genauso vorgehen, bis alle Knoten in der Reihe geknüpft sind.

7. In cer nächsten Reihe wieder alle Stränge mit einbinden. So insgesamt sechs Reihen mit Kreuzknoten knüpfen. Bei der untersten Reihe sollten dann rechts und links wieder zwei Stränge lose herunterhängen. Statt bei der folgenden Reihe wieder alle Stränge zu nehmen, nun rechts und links je vier Stränge lose lassen (1, 2, 3, 4) und mit den nächsten vier daneben knüpfen (1a, 2a, 3a, 4a). Bei jeder Reihe rechts und links mehr Stränge lose lassen, sodass das Muster nach unten hin mittig zusammenläuft.

8. Als Abschluss folgt eine Reihe Rippenknoten: dafür den Strang ganz links als Leitschnur über alle anderen Stränge legen.

9

11

10

12

9. Den Strang direkt daneben als Knüpfschnur nehmen, hinter der Leitschnur entlang, nach oben über die Leitschnur führen, dann links wieder dahinter, sodass eine loopingförmige Schlaufe entsteht.

10. Das Ganze wiederholen, sodass die Knüpfschnur nun in zwei Windungen um die Leitschnur herumliegt. So die offenen Stränge bis zur Mitte nacheinander an die Leitschnur knüpfen.

11. Das Ganze von rechts und seitenverkehrt wiederholen, bis alle Stränge verknüpft sind.

12. Zuletzt alle herunterhängenden Stränge einschneiden, sodass die Enden in schmalen Streifen herunterhängen.

Schick bestickt

MATERIAL:
TAPETE, VORSTECHER, NADEL MIT GROSSEM NADELÖHR, GARN, STICKRAHMEN

MANCHE MOTIVE SIND SO HÜBSCH, DASS IHNEN BESONDERE AUFMERKSAMKEIT GEBÜHRT. WER EINE TAPETE MIT EINEM SOLCHEN MOTIV BESITZT KANN ES IN EINEN STICKRAHMEN EINFASSEN UND AUF DIESE WEISE EINE AUSSERGEWÖHNLICHE WANDDEKO GESTALTEN.

1

3

2

4

1. Ein rundes Stück Tapete zurechtschneiden, das etwas größer ist als der Stickrahmen.

2. Mit einem Vorstecher Löcher rund um das Motiv stechen, das hervorgehoben werden soll.

3. Das Motiv mit Garn einfassen. Besonders schön sieht das Ganze mit Effektgarn aus, bei dem Metallfäden eingearbeitet sind und für glänzende Effekte sorgen. Auf Wunsch weitere Details mit Garn einfassen, so wie hier das Auge des Vogels.

4. Auf der Rückseite die Enden des Fadens verknoten und kürzen. Um die Tapete in den Stickrahmen einzuspannen, legt man sie unter den kleinen Rahmen und schlägt die Ränder hoch. Den großen Rahmen so weit aufschrauben wie möglich und den kleinen mitsamt Tapete hineinlegen. Die Tapete rundum in „geordnete" Falten legen, sodass sie sich möglichst gut verteilt. Zuletzt die Stellschraube zudrehen, bis der äußere Ring eng an liegt. Die überstehenden Ränder der Tapete abschneiden.

Aufgereihte Erinnerung

MATERIAL:
FOTOS, KARIERTES PAPIER, TAPETE, BUCHKLAMMERN, HEISSKLEBER, KLEINE HOLZKLAMMERN, SCHNUR

VIEL ZU OFT FRISTEN FOTOS IHR DASEIN IN DEN TIEFEN DES HANDYS ODER AUF IRGENDEINER FESTPLATTE – WIE SCHADE UM ALL DIE ERINNERUNGEN! HÖCHSTE ZEIT, SIE HERVORZUKRAMEN, AUSZUDRUCKEN UND IN EINE FRÖHLICHE GIRLANDE ZU VERWANDELN.

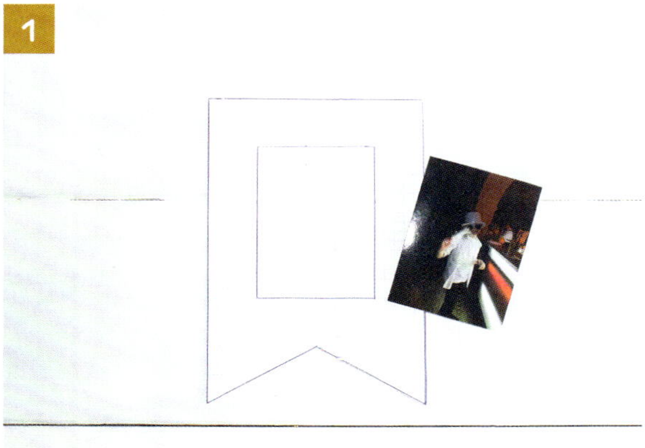

1. Auf kariertem Papier eine Wimpel-Schablone aufzeichnen und ausschneiden. Alle Fotos in der gleichen Größe und dem gleichen Format ausdrucken. Ein Rechteck in dieser Größe mittig auf die Schablone zeichnen und herausschneiden.

2. Für jeden Wimpel einen Tapetenstreifen zurechtschneiden, der so breit wie die Schablone und doppelt so lang ist. In der Mitte zusammenfalten, die Schablone auflegen und mit Buchklammern fixieren. Ein Dreieck aus der Tapete herausschneiden, sodass die Wimpelform entsteht.

3. In dem durch die Schablone begrenzten Rechteck einen Tropfen Heißkleber in jede Ecke geben und das Foto aufkleben.

4. Eine Schnur durch die Wimpel fädeln und diese mit Holzklammern befestigen. Sollten sich die beiden übereinanderliegenden Tapetenlagen bei den Wimpeln verschieben, diese mit etwas Heißkleber fixieren.

Verschenken und Verpacken

Wertvolles Gewächs

MATERIAL:
TAPETE, HOLZSTAB, HEISSKLEBER, 1–2 ZWEIGE, ALUMINIUMDRAHT, BLUMEN-DRAHT, ZANGE, GLASGLOCKE MIT BODEN

ES GIBT VIELE GELEGENHEITEN, GELD ZU VERSCHENKEN. EINE AUSSERGEWÖHNLICHE ALTERNATIVE ZUM EHER LANGWEILIGEN KUVERT IST DIESES BÄUMCHEN, AN DEM TAPETENBLUMEN WACHSEN: IN SEINEN ZWEIGEN HABEN SICH BUCHSTÄBLICH SCHEIN-SCHMETTERLINGE NIEDERGELASSEN.

1

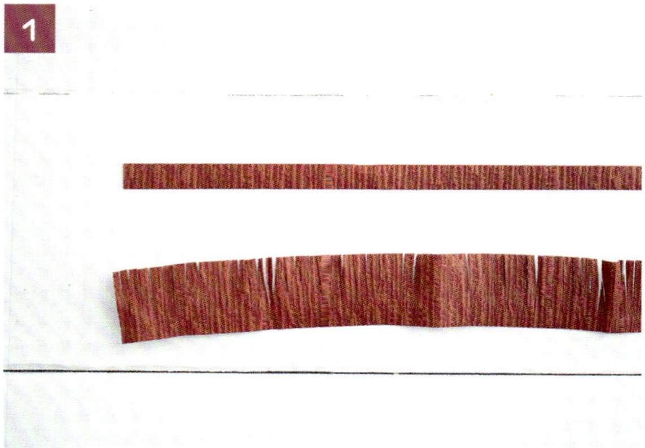

2

1. Für jede Blume braucht es zwei Tapetenstreifen: einen 0,5 cm breiten und etwa 12 cm langen Streifen und einen, der etwa doppelt so lang und breit ist. Den breiteren Streifen an einer Längsseite mit Einschnitten versehen.

2. Den schmaleren Streifen mit der Tapetenvorderseite nach außen eng aufrollen: als Hilfsmittel dafür einen Holzstab vorne etwas einschneiden, das Ende des Streifens hineinklemmen und losrollen.

3

4

3. Das Ende des aufgerollten Streifens mit Heißkleber fixieren und damit gleichzeitig den zweiten Streifen aufkleben. Diesen ebenfalls eng aufrollen, allerdings mit der Rückseite nach außen. Das Ende mit Heißkleber fixieren. Die Einschnitte nach außen drücken, sodass eine Blume entsteht.

4. Einen Zweig mit mehreren Verästelungen oder alternativ zwei Zweige unten fest mit Aluminiumdraht umwickeln und den Draht zu einem spiralförmigen Standfuß formen.

Fortsetzung auf der nächsten Seite

5. Für jeden Geld-Schmetterling braucht es zwei Scheine. Den ersten so falten, dass ein Quadrat entsteht, dabei wird ein Rand etwas überstehen. Dann von einer Ecke ausgehend ziehharmonikaartig falten.

6. Den anderen Schein mittig falten und von der unteren Kante aus ziehharmonikaartig falten.

7. Den ersten Schein dicht neben den zweiten legen, beide mittig mit Blumendraht umwickeln und die „Flügel" auffalten. Das lose Ende des Drahts etwa 5 cm lang lassen und abknipsen.

8. Die Blumen mit Heißkleber an das Bäumchen kleben und die Schmetterlinge festbinden. Zuletzt eine Glasglocke über das Ganze stülpen.

Unter Glas gebannt

MATERIAL:
GLASCABOCHONS, PASSENDE EINFASSUNG, PAPIERTAPETE, SCHMUCK- ODER MULTIKLEBER

SPIEGLEIN, SPIEGLEIN AN DER WAND, WELCHES IST DER SCHÖNSTE SCHMUCK IM GANZEN LAND? CHANCENREICHE ANWÄRTER AUF DEN TITEL DÜRFTEN SICHER DIESE PREZIOSEN SEIN, DIE SICH ZUM VERSCHENKEN EIGNEN ODER ALTERNATIV DAZU DAS EIGENE SCHMUCKKÄSTCHEN BEREICHERN.

1

3

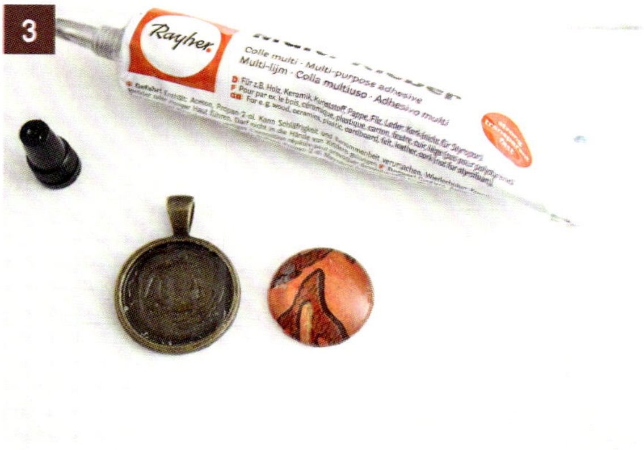

2

4

1. Die Tapete auf einen komplett glatten Untergrund legen. Den Cabochon mit der flachen Seite auf die Tapete kleben, fest andrücken und gut trocknen lassen.

2. Den Cabochon samt Tapete ausschneiden.

3. Die Einfassung mit Kleber versehen.

4. Den Cabochon einkleben, andrücken und vor dem Benutzen komplett durchtrocknen lassen.

Schöne Grüße!

MATERIAL:
BLANKOKARTEN MIT PASSENDEN UMSCHLÄGEN, TAPETE, FLÜSSIGKLEBER
OPTIONAL: LOCHER, ÖSE, ÖSENWERKZEUG, HAMMER, GESCHENKBAND, NÄHMASCHINE, HEISSKLEBER, GOLDPAPIER, KONTURENSCHERE, COMPUTER, DRUCKER

WIE OFT PASSIERT ES, DASS DOCH WIEDER EINE FEIERLICHKEIT IN VERGESSENHEIT GERÄT UND GERADE KEINE KARTE ZUR HAND IST! GLÜCKLICHERWEISE IST ES NICHT SCHWIERIG, EINE SELBST ZU GESTALTEN. WER LUST HAT, BASTELT GLEICH MEHRERE EXEMPLARE UND VERSCHENKT SIE DANN ALS KARTENSET AN EINEN LIEBEN MENSCHEN.

1

2

3

4

1. Die Tapete auf das Maß der zusammengeklappten Blankokarte zuschneiden und aufkleben.

2. Für eine Version mit dekorativem Band die Karte zusammenklappen und im Eck rechts oben lochen. Mit Ösenwerkzeug und Hammer eine Öse befestigen und ein Stück Geschenkband durchführen.

3. Für die Karte mit Blumen-Applikation zunächst den Rand der Tapete mit einer Zickzacknaht einfassen. Aus einem Streifen Tapete eine Schleife formen und diese mit Heißkleber so an der Karte befestigen, dass eine kleine Lücke bleibt – in diese eine Trockenblume hineinstecken.

4. In einem Textverarbeitungsprogramm einen Schriftzug in einen Textkasten schreiben, spiegeln und ausdrucken. Auf die Rückseite des Goldpapiers kleben und ausschneiden. Mit einer Konturenschere zwei Zier-Ecken ausschneiden und ebenfalls aufkleben. Buchstaben und Verzierungen mit Heißkleber auf die Karte kleben.

Blumiges Präsent

MATERIAL:
TAPETE, FALZBEIN, LOCHZANGE, HEISSKLEBER, SCHNUR

OFT SIND ES DIE KLEINEN DINGE, DIE DIE GRÖSSTE FREUDE BEREITEN – UND NOCH EINMAL MEHR, WENN SIE IN EINER HÜBSCHEN SCHACHTEL DAHERKOMMEN! DIESE HIER TRÄGT AUF IHRER OBERSEITE EIN BLUMENFÖRMIGES MUSTER UND LÄSST SICH IM HANDUMDREHEN AUS EINEM STÜCK TAPETE FERTIGEN.

1

2

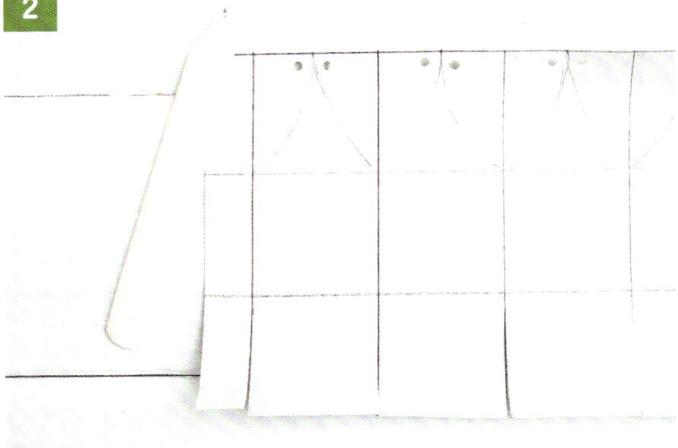

3

4

1. Auf die Rückseite der Tapete eine Vorlage erstellen: Dafür drei mal sechs Quadrate aufzeichnen und links 2 cm dazugeben. In die oberen Quadrate jeweils zwei gebogene Linien einzeichnen.

2. Die senkrechten Linien zwischen den unteren Quadraten einschneiden. Alle anderen Linien mit dem Falzbein nachfahren. Am oberen Rand in jedem Quadrat zwei Löcher einstanzen wie auf dem Foto gezeigt.

3. Die unteren Quadrate umklappen – sie dienen als Boden. Um sie zu einem möglichst gleichmäßigen Sechseck zusammenzukleben, immer die zwei gegenüberliegenden Seiten mit Heißkleber aufeinander- bzw. auf die darunterliegende Lage aufkleben. Zuletzt den schmalen Streifen aufkleben.

4. Das Geschenk in die Schachtel legen. Eine Schnur durch die Löcher fädeln und die Tapete dazwischen in die Mitte falten, sodass auf der Oberseite der Schachtel ein blumenförmiges Muster entsteht.

In Schale geworfen

MATERIAL:
TAPETE, HEISSKLEBER, NÄHMASCHINE, GESCHENKBAND

ALS GAST GILT ES, NICHT NUR AUF DIE EIGENE GARDEROBE ZU ACHTEN – AUCH EIN MITBRINGSEL WILL DEM ANLASS GEMÄSS GEKLEIDET SEIN. IN EINE HÜBSCHE TAPETENTÜTE GEHÜLLT, GELTEN GROSSE UND KLEINE FLASCHEN GARANTIERT ALS VORZEIGBAR.

1

2

3

4

1. Einen Tapetenstreifen zurechtschneiden: Für die Breite den Umfang der Flasche ausmessen und 3 cm dazuzählen. Für die Länge die Höhe der Flasche ausmessen und bei einer Piccolo-Flasche 6 cm, bei einer großen Flasche 10 cm dazugeben. Den oberen Rand 1 cm einschlagen und mit einer Sichtnaht versehen. Die Tapete zu einer Rolle formen und etwa 1 cm überlappend mit Heißkleber zukleben.

2. Die Tüte unten flach drücken und zunähen.

3. Die Tüte von innen ausbeulen. Die beiden Ecken nach innen klappen und mit Heißkleber befestigen, sodass ein stabiler Boden entsteht.

4. Die Flasche hineinstellen und ein Geschenkband um die Tüte binden

Verspielter Hingucker

MATERIAL:
TAPETE, NÄHMASCHINE, SPITZENBORTE

EINE SCHLEIFE KRÖNT JEDE NOCH SO SCHLICHTE VERPACKUNG. ETWA FÜR EINE KLEINE AUFMERKSAMKEIT AUS DEM EIGENEN GARTEN: DABEI WERDEN EINIGE BLUMEN, IN ZEITUNGSPAPIER EINGEROLLT UND MIT SCHLEIFE VERSEHEN, ZUM ZAUBERHAFTEN LAST-MINUTE-GASTGESCHENK.

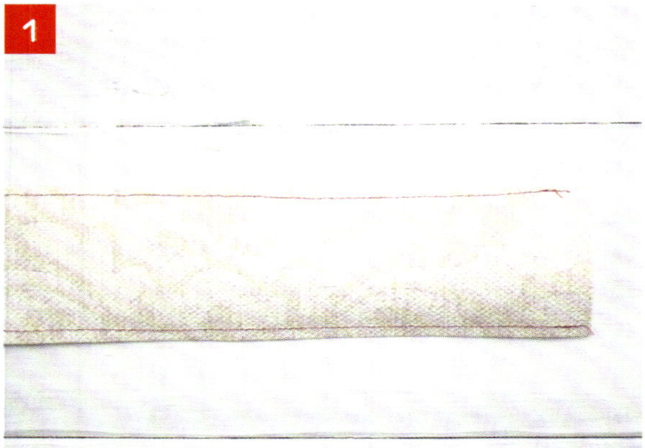

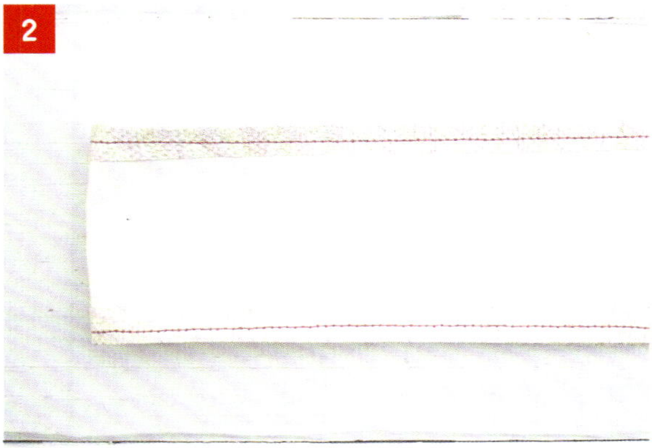

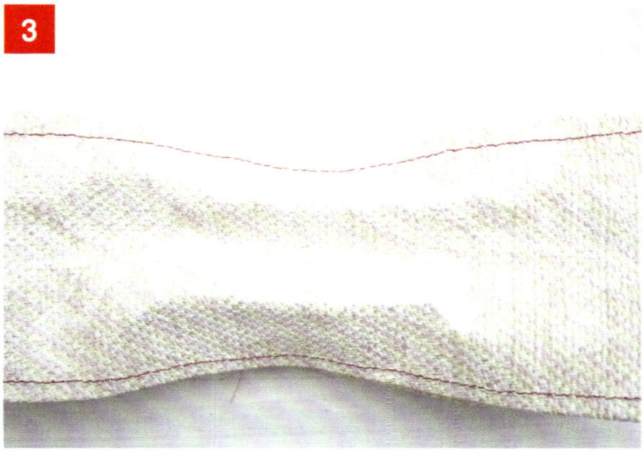

1. Theoretisch lässt sich die Schleife in jeder Größe fertigen (hier: 15 x 6 cm). Die gewünschte Länge doppelt nehmen und 2 cm dazurechnen, zur gewünschten Höhe ebenfalls 2 cm. Einen Streifen zurechtschneiden (hier: 32 x 8 cm). An den Längsseiten je 1 cm umschlagen und mit einer Sichtnaht versehen.

2. Den Streifen so zusammenlegen, dass die Rückseite außen liegt, und zusammennähen.

3. Vorsichtig wenden und die senkrechte Naht auf die Schleifen-Rückseite drehen. Die Schleife zusammendrücken, sodass sich in der Mitte eine Art Tal bildet.

4. Eine Spitzenborte herumlegen und auf der Schleifen-Rückseite verknoten.

Rollenspiel

MATERIAL:
KLEISTER, TAPETE, SPULE

SO BELASTBAR WIE GEWÖHNLICHES GESCHENKBAND IST EINE PAPIERKORDEL NATÜRLICH NICHT – IN SACHEN NACHHALTIGKEIT UND MIT DEM RICHTIGEN TAPETENKLEISTER DAFÜR ABER UNSCHLAGBAR. MIT ETWAS VORSICHT UND ÜBUNG LASSEN SICH MIT DEM SELBSTGEROLLTEN BAND PRIMA KLEINE UND GROSSE PRÄSENTE AUFWERTEN.

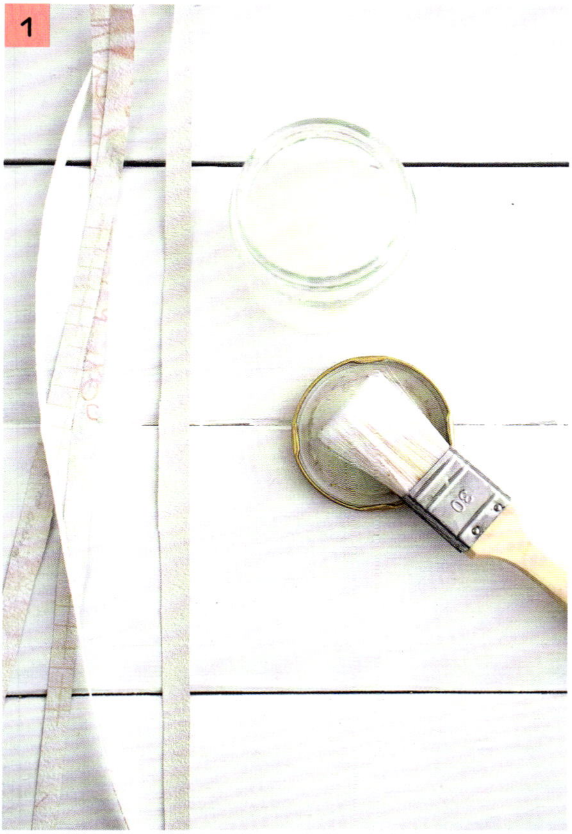

1. Kleister anrühren und Tapete in Streifen von etwa 1 cm Breite schneiden.

2. Den ersten Streifen rundum dick einkleistern und zwirbeln, sodass er sich zusammenrollt. Den Anfang auf die Spule wickeln. Auf das Ende des Streifens den Anfang des nächsten eingekleisterten Streifens auflegen, sodass beide Streifen einander um etwa 5 cm überlappen.

3. Auf diese Weise fortfahren, bis alle Streifen auf die Spule aufgerollt sind.

Gemäß der Etikette

MATERIAL:
TAPETE, KLARSICHTHÜLLE, LOCHZANGE, ÖSEN, ÖSENWERKZEUG, HAMMER

MIT EINEM ANHÄNGER VERSEHEN, SEHEN GESCHENKE GLEICH VIEL WERTIGER AUS! WER MUSSE HAT UND ÖFTER DINGE VERSCHENKT, FERTIGT AM BESTEN GLEICH MEHRERE DIESER HÄNGE-ETIKETTEN, UM ZU JEDER GELEGENHEIT WELCHE VORRÄTIG ZU HABEN.

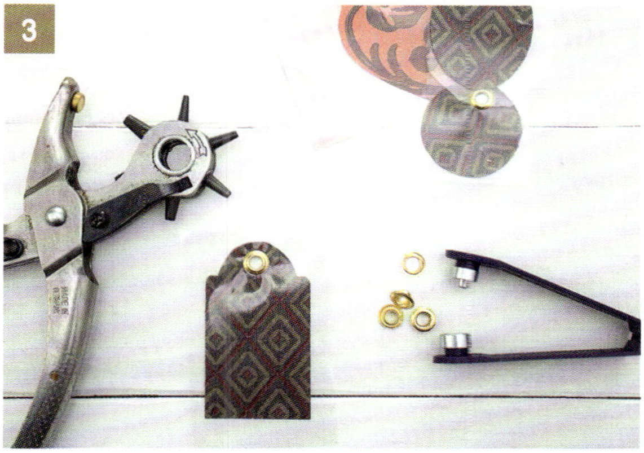

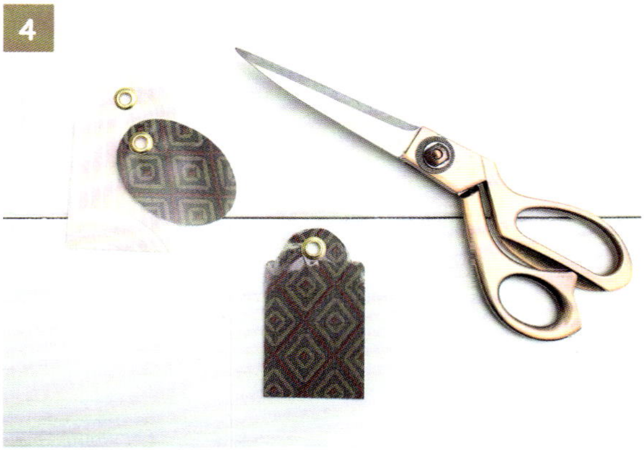

1. Die gewünschte Form – etwa rund, länglich oder oval – auf die Tapetenrückseite aufzeichnen und ausschneiden.

2. Aus einer Klarsichthülle ein Stück ausschneiden, das den Anhänger abdeckt (optional).

3. Mit der Lochzange ein Loch in die Folie und die darunterliegende Tapete stanzen. Das Loch sollte etwas kleiner sein als die Öse. Mit Ösenwerkzeug und Hammer eine Öse anbringen.

4. Die überstehende Klarsichtfolie abschneiden. Zum Beschriften der Anhänger eignet sich am besten ein Lackmarker.

Impressum

Autorin: Helene Kilb
Fotos und Styling: Helene Kilb
Produktmanagement: Svenja Wiglinghaus
Lektorat: Sigrun Borstelmann
Korrektorat: Susen Truffel-Reiff
Umschlaggestaltung: Irina von Feury, Kathleen Baumann
Layout und Satz: Ina Mielkau
Repro: LUDWIG:media
Herstellung: Julia Hegele
Printed in Turkey by Elma Basim

★★★★★

Sind Sie mit diesem Titel zufrieden? Dann würden wir uns über Ihre Weiterempfehlung freuen. Erzählen Sie es im Freundeskreis, berichten Sie Ihrem Buchhändler oder bewerten Sie beim Onlinekauf.
Und wenn Sie Kritik, Korrekturen oder Aktualisierungen haben, freuen wir uns über Ihre Nachricht an Christophorus Verlag, Postfach 40 02 09, 80702 München oder per E-Mail an lektorat@verlagshaus.de.

Unser komplettes Programm finden Sie unter

www.christophorus-verlag.de

In diesem Buch wird aus Gründen der besseren Lesbarkeit das generische Maskulinum verwendet. Weibliche und anderweitige Geschlechteridentitäten werden dabei ausdrücklich mitgemeint, soweit es für die Aussage erforderlich ist.

Herstellerverzeichnis: Dieses Buch wurde freundlicherweise unterstützt durch Materialien von Rayher Hobby GmbH, www.rayher.com

Die Deutsche Nationalbibliothek verzeichnet diese Publikation in der Deutschen Nationalbibliografie; detaillierte bibliografische Daten sind im Internet über https://www.dnb.de/ abrufbar.

ISBN 978-3-8388-3841-0

FSC MIX Aus vorbildlich bewirtschafteten Wäldern FSC® C164814

Kreativ-Service

Sie haben Fragen zu den Büchern und Materialien? Frau Erika Noll ist für Sie da und berät Sie rund um alle Kreativthemen. Rufen Sie an! Wir interessieren uns auch für Ihre eigenen Ideen und Anregungen. Sie erreichen Frau Noll per E-Mail: **mail@kreativ-service.info** oder Tel.: **+49 (0) 5052/91 18 58**

Besuchen Sie uns im Internet: www.christophorus-verlag.de & www.selbstgemacht.de